Basiswissen Lernen im Sport

Reihe herausgegeben von

Nils Neuber, Institut für Sportwissenschaft, Universität Münster
Münster, Deutschland

Der Sport hat sich im 20. Jahrhundert zu einem zentralen sozialen Phänomen entwickelt, das weite Bereiche der Gesellschaft, wie das Freizeit-, Bildungs-, Gesundheits-, Wirtschafts- und Mediensystem, durchdringt. Die Ausprägungsformen des Sports sind nahezu unbegrenzt: Kinder- und Jugendsport, Schul- und Vereinssport, Freizeit- und Breitensport, Leistungs- und Wettkampfsport, Abenteuer- und Trendsport, Gesundheits- und Alterssport u.v.m. Entsprechend komplex sind die Rahmenbedingungen und Themen des Lernens im Sport. Die Lehrbuchreihe *Basiswissen „Lernen im Sport"* greift diese Voraussetzungen auf und gibt eine Einführung in zentrale Gegenstandsbereiche und Themen des Lernens im Sport. Dabei wird eine sozialwissenschaftliche Perspektive eingenommen und auf Teildisziplinen, wie Sportpädagogik, Sportdidaktik, Sportpsychologie und Sportsoziologie, zurückgegriffen.

In übersichtlichen und klar gliederten Darstellungen finden Leserinnen und Leser einen komprimierten Überblick zum Fachgegenstand. Definitionen, zusammenfassende Übersichten und kommentierte Literaturhinweise helfen, das Gelernte zu vertiefen. Damit wird ein sicherer Einstieg in wichtige Begriffe und Themenfelder der Sportwissenschaft ermöglicht. Die Lehrbuchreihe *Basiswissen „Lernen im Sport"* richtet sich in erster Linie an Studentinnen und Studenten sportwissenschaftlicher Studiengänge, bietet aber auch Anknüpfungspunkte für verwandte Studiengänge, wie Erziehungs- und Sozialwissenschaft. Entsprechend orientiert sich die Konzeption der Bände am Arbeits- und Studienalltag von Studierenden und Lehrenden an der Hochschule. Darüber hinaus kann die Lehrbuchreihe auch von Schüler/innen, Lehramtsanwärter/innen, Lehrer/innen sowie Mitarbeiter/innen aus Sport, Jugendhilfe und Wohlfahrtsverbänden genutzt werden.

Rüdiger Heim

Sport und Selbstkonzept I

Grundlagen und Entwicklung

Springer VS

Rüdiger Heim
Institut für Sport und Sportwissenschaft
Universität Heidelberg
Heidelberg, Deutschland

ISSN 2662-5601 ISSN 2662-561X (electronic)
Basiswissen Lernen im Sport
ISBN 978-3-658-37972-8 ISBN 978-3-658-37973-5 (eBook)
https://doi.org/10.1007/978-3-658-37973-5

Die Deutsche Nationalbibliothek verzeichnet diese Publikation in der Deutschen Nationalbibliografie; detaillierte bibliografische Daten sind im Internet über https://portal.dnb.de abrufbar.

© Der/die Herausgeber bzw. der/die Autor(en), exklusiv lizenziert an Springer Fachmedien Wiesbaden GmbH, ein Teil von Springer Nature 2024
Das Werk einschließlich aller seiner Teile ist urheberrechtlich geschützt. Jede Verwertung, die nicht ausdrücklich vom Urheberrechtsgesetz zugelassen ist, bedarf der vorherigen Zustimmung des Verlags. Das gilt insbesondere für Vervielfältigungen, Bearbeitungen, Übersetzungen, Mikroverfilmungen und die Einspeicherung und Verarbeitung in elektronischen Systemen.
Die Wiedergabe von allgemein beschreibenden Bezeichnungen, Marken, Unternehmensnamen etc. in diesem Werk bedeutet nicht, dass diese frei durch jedermann benutzt werden dürfen. Die Berechtigung zur Benutzung unterliegt, auch ohne gesonderten Hinweis hierzu, den Regeln des Markenrechts. Die Rechte des jeweiligen Zeicheninhabers sind zu beachten.
Der Verlag, die Autoren und die Herausgeber gehen davon aus, dass die Angaben und Informationen in diesem Werk zum Zeitpunkt der Veröffentlichung vollständig und korrekt sind. Weder der Verlag noch die Autoren oder die Herausgeber übernehmen, ausdrücklich oder implizit, Gewähr für den Inhalt des Werkes, etwaige Fehler oder Äußerungen. Der Verlag bleibt im Hinblick auf geografische Zuordnungen und Gebietsbezeichnungen in veröffentlichten Karten und Institutionsadressen neutral.

Planung/Lektorat: Stefanie Laux
Springer VS ist ein Imprint der eingetragenen Gesellschaft Springer Fachmedien Wiesbaden GmbH und ist ein Teil von Springer Nature.
Die Anschrift der Gesellschaft ist: Abraham-Lincoln-Str. 46, 65189 Wiesbaden, Germany

Wenn Sie dieses Produkt entsorgen, geben Sie das Papier bitte zum Recycling.

Für Hannah

Dank

Dieses Lehrbuch konnte nicht entstehen ohne die tatkräftige Hilfe von verschiedenen Seiten. Für die direkte Unterstützung bei seiner Abfassung bedanke ich mich vor allem herzlich bei meinen Mitarbeitern der Heidelberger Sportpädagogik: Cornelius Holler hat nicht nur Literaturrecherche, -verwaltung und -besorgung mit Geduld und Akribie unterstützt, sondern auch die Abbildungen in der nun vorliegenden Form gestaltet und sich um die Finessen der digitalen Textverarbeitung gekümmert. Die Vollständigkeit der Literaturverzeichnisse sicherte Isabel Werner, und inhaltlich war Jan Sohnsmeyer eine große Hilfe, indem er die verschiedenen Entwürfe kenntnisreich, kritisch wie konstruktiv gelesen und kommentiert hat. Die Schlussredaktion hat Frederik Borkenhagen in großer Umsicht und mit seiner umfangreichen redaktionellen Erfahrung vorzüglich erledigt. Immer wenn ich als Sportpädagoge einer differenzierten Expertise der Sportpsychologie bedurfte, stand Geoffrey Schweizer mit Rat und Tat zur Seite.

Und weil dieses Lehrbuch auch das Ergebnis einer langjährigen Beschäftigung mit dem Selbstkonzept und seiner Erforschung ist, gilt mein Dank Kollegen in ehemaligen gemeinsamen Arbeitszusammenhängen: Wolf-Dietrich Brettschneider hat die damalige Berliner Arbeitsgruppe geleitet und die Möglichkeit einer Längsschnittstudie zum Selbstkonzept von jugendlichen Leistungssportlerinnen und -sportlern erst eröffnet, die den Beginn meiner Selbstkonzeptforschung markiert. Darüber hinaus ist er mir bis heute – trotz manch unterschiedlicher Auslegungen und Positionen – ein ebenso freundschaftlicher wie kompetenter Gesprächspartner geblieben. Und Erin Gerlach ist seit Berliner Tagen ein kritischer wie konstruktiver und hilfreicher Freund und Forscherkollege, von dessen Einsprüchen, Hinweisen und Anregungen ich immer wieder profitieren konnte.

Schließlich bedanke ich mich vor allem herzlich bei meiner Frau Klara Schönecker-Heim. Ohne ihre Unterstützung und ihr Verständnis über viele Jahre, wenn ich mal wieder beruflichen Aufgaben gegenüber Familiärem den Vorrang eingeräumt habe, hätte dieses Lehrbuch so nicht entstehen können.

im November 2023   Heidelberg

Inhaltsverzeichnis

1	**Einführung**	1
	1.1 Einleitung	1
	1.2 Aufbau des Lehrbuchs	5
	Literatur	7
2	**Das mehrdimensionale Modell des Selbstkonzepts**	9
	2.1 Frühe Theorien des Selbst	9
	2.2 Take off der modernen Selbstkonzeptforschung – Das Shavelson-Modell	18
	2.2.1 Struktur des Selbstkonzepts	20
	2.2.2 Stabilität des Selbstkonzepts	27
	2.2.3 Erfassung des Selbstkonzepts	36
	Literatur	42
3	**Das körperliche Selbstkonzept**	47
	3.1 Struktur des körperlichen Selbstkonzepts	47
	3.2 Mehrdimensionale Modelle des körperlichen Selbstkonzepts	54
	3.3 Körperliche Fähigkeitsselbstkonzepte und sportliche Leistungen	63
	3.4 Wie gut können Lehrkräfte die Selbstbilder ihrer Schüler einschätzen?	65
	Literatur	67

4 Wie das Selbstkonzept zustande kommt 73
  4.1 Entwicklung des Selbstkonzepts im Prozess des Aufwachsens 73
  4.2 Quellen des Selbstkonzepts 80
  4.3 Vergleichsprozesse 82
     4.3.1 Soziale Vergleiche 85
     4.3.2 Temporale Vergleiche........................... 88
     4.3.3 Dimensionale Vergleiche 91
  4.4 Wie realistisch ist das Selbstkonzept? 97
  Literatur 104

Einführung 1

> **Zusammenfassung**
>
> Dieses Kapitel bietet eine Einführung, in der die Bedeutung des Selbstkonzepts im Zusammenhang mit Bewegung und Sport erläutert wird und das Anliegen dieses Lehrbuchs sowie seine Adressaten skizziert werden. Zum Abschluss wird der inhaltliche Aufbau vorgestellt und kommentiert.

1.1 Einleitung

Wenn in der deutschen Öffentlichkeit über den Sport und seine Bedeutung für die Menschen und die Gesellschaft geredet oder geschrieben wird, kommt selten Zweifel an seinen segensreichen *Wirkungen* auf, vor allem wenn es um Heranwachsende und die entwicklungssensiblen Lebensabschnitte der Kindheit und Jugend geht: Aktives Sportengagement mache den Kindern und Jugendlichen nicht einfach nur Spaß oder entfalte nicht allein unmittelbare gesundheitliche Wirkungen, sondern das Sporttreiben, vor allem im Verein, reduziere die Neigung zu Aggression oder Gewalt, fördere soziale Kompetenzen oder die gesellschaftliche Integration, insbesondere von Heranwachsenden mit Migrationsgeschichte. Über die mehr oder weniger große Aktualität gesellschaftlich identifizierter Probleme hinaus wird grundsätzlich erwartet, dass ein Sportengagement die *Persönlichkeitsentwicklung* von Heranwachsenden in der gesamten Bandbreite unterstützt – von der motorischen über die psychosoziale bis zur kognitiven Dimension (Brettschneider 2008).

Derlei optimistische Annahmen lassen sich bis zu den Vorläufern des modernen Sports im 19. Jahrhundert zurückverfolgen. Nicht nur im Zusammenhang mit dem von Friedrich Ludwig Jahn begründeten deutschen Turnen und dem englischen Sport, sondern auch im Zuge der Olympischen Idee von Pierre de Coubertin standen positive Wirkungen von Leibesübungen auf den Charakter und seine Entwicklung hoch im Kurs.

Auch wer mit Übungsleitern und Trainerinnen oder ehemaligen Athleten und Hochleistungssportlerinnen spricht, wird rasch merken, dass sie ihr freiwilliges oder berufliches Engagement nicht nur mit der Leidenschaft für ihren Sport begründen. Häufig heben sie hervor, ihre Schützlinge oder sie selbst hätten in ihrem Sportengagement auch vieles gelernt, was ihnen im *Leben außerhalb des Sports* geholfen hat – und sie können hierfür in der Regel ganz konkrete Personen nennen oder Beispiele schildern: Der im Kampfsport erworbene *Respekt* zeige sich nicht nur im Ring oder auf der Matte, sondern auch auf dem Schulhof. Die im Training erworbene *Anstrengungsbereitschaft* sowie das damit verbundene *Durchhaltevermögen* spiegelten sich auch in entsprechender Lernbereitschaft und Beharrlichkeit in der Schule wider. Wer im Sportverein gelernt habe, Ordnung und Regeln einzuhalten, akzeptiere diese auch im Freundeskreis, in der Schule und im Beruf. Das Erleben und die Verarbeitung von *Gewinn und Niederlage* seien nicht nur für das folgende Training oder den nächsten Wettkampf von Bedeutung, sondern auch für den Umgang mit schlechten Schulleistungen, sportliche Erfolge stärkten das Vertrauen in die eigenen Kräfte und Möglichkeiten auch jenseits des Sports.

Solche Erwartungen werden gleichfalls aus schulsportpädagogischem Blickwinkel betont, wenn man sich im *Doppelauftrag des Sportunterrichts* einig weiß, dass es in diesem Schulfach nicht nur darum geht, den Heranwachsenden die (gesellschaftliche geformte) Sportkultur zu erschließen und entsprechend notwendige Fähigkeiten und Fertigkeiten zu vermitteln, sondern gleichzeitig auch einen substanziellen Beitrag zur Entwicklungsförderung der Schülerinnen und Schüler jenseits motorischer Kompetenzen zu leisten. Aus leistungssportlicher Perspektive rufen Trainerinnen, Funktionäre, aber auch journalistische Kommentatoren nicht selten nach Führungspersönlichkeiten in einem Team oder einer Mannschaft, wenn es um einen hochrangigen Wettbewerb und den sportlichen Erfolg geht.

Gleichgültig, ob es sich um Wirkungen des Sportengagements oder Voraussetzungen für sportliche Erfolge handelt, wird offensichtlich der Persönlichkeit der Aktiven und ihrer Entwicklung eine hoch bedeutsame Rolle zugeschrieben. Allein die empirische Forschungslage der *eigenschaftsorientierten Persönlichkeitspsychologie*, die sich entsprechenden Zusammenhänge lange Jahre gewidmet hat, konnte derart optimistische Erwartungen nicht hinreichend stützen (Conzelmann und Schmidt 2020; Weinberg und Gould 2019). Dies liegt wohl vor allem daran,

1.1 Einleitung

dass die dort herangezogenen Modelle Persönlichkeit als eher stabile Eigenschaft einer Person aufgefasst und untersucht haben, die sich relativ frühzeitig im Lebenslauf herausbildet und sich daher Einflüsse oder Voraussetzungen im Zuge sportlicher Aktivitäten nicht zeigen lassen.

Seit etwa den 1980er-Jahren hat die Forschung vor diesem Hintergrund verstärkt auf das alternative *Modell des Selbstkonzepts* gesetzt, das sich zwar auch dem Bereich der Persönlichkeit zuordnen lässt, aber theoretisch von einer deutlich größeren *Veränderlichkeit* (Plastizität) ausgeht und so für Fragen der Entwicklung, vor allem im Kindes- und Jugendalter, besonders gut geeignet scheint (Asendorpf und Neyer 2012; Conzelmann 2009; Heim 2002). Wie prominent die oben skizzierten optimistischen Erwartungen im Hinblick auf Wirkungen (auch) des Schulsports mittlerweile ebenfalls im Zusammenhang mit dem Selbstkonzept sind, zeigen direkte, manchmal indirekte Hinweise in Lehr- oder Bildungsplänen des Sportunterrichts verschiedener Bundesländer.

Inwieweit das Modell des Selbstkonzepts, das ja eine gedankliche Vorstellung von nicht direkt beobachtbaren Strukturen und Prozessen darstellt, im Zusammenhang mit Sport und dem Sportengagement andere, neue Erkenntnisse hervorgebracht hat, ist das Thema dieses Lehrbuchs. Da das Selbstkonzept aber zu den ausgesprochen häufig, umfangreich und vielfältig behandelten Gebieten der pädagogisch-psychologischen Forschung – nicht nur in der Sportwissenschaft – gehört, handelt es sich einerseits um ein ambitioniertes, andererseits um ein besonders notwendiges Vorhaben. So verfolgt dieses Lehrbuch den *Anspruch*, die kaum überschaubare Fülle und Komplexität, zuweilen auch Widersprüchlichkeit der Selbstkonzeptforschung und ihrer Befunde im Hinblick auf Bewegung und Sport *in kompakter und übersichtlicher Form* darzustellen.

Ich selbst habe mich diesem (hohen) Anspruch im Verlauf des Verfassens mit wachsender Freude gestellt, weil ich glaube, nach mehr als 30 Jahren mal mehr, mal weniger kontinuierlicher Beschäftigung mit dem Selbstkonzept aus *sportpädagogischer Sicht* über hinreichende Kompetenzen zu verfügen. So richtet sich dieses Lehrbuch, auch vor dem Hintergrund eigener, mittlerweile vielfältiger universitärer Lehrerfahrungen, in erster Linie an Studierende der Sportwissenschaft, aber auch der Bildungswissenschaft oder Psychologie. Geeignet dürfte es dabei vor allem für etwas fortgeschrittene Studierende im Bachelor- oder Masterstudium sein. Als Lehrbuch adressiert es gleichfalls Lehrkräfte im sport- oder bildungswissenschaftlichen, aber auch psychologischen Studium, wenn sportliche Themen behandelt werden sollen. Ferner bietet es im Hinblick auf Abschlussprüfungen sowie erste eigene Forschungen – sei es im Rahmen forschungsorientierter Lehrformate oder Abschlussarbeiten im Studium – einen Ein- und Überblick über die sportorientierte Selbstkonzeptforschung. Auch sollte es geeignet sein, nach dem

Studium erste Grundlagen für Forschungsqualifikationen nach dem Studium zu festigen, die die Spur zu spezifischen Fragen und Problemstellungen legen. Und schließlich könnte dieses Lehrbuch sowohl für „gestandene" schulische Lehrkräfte als auch im Vorbereitungsdienst hilfreich sein, wenn der eigene Sportunterricht mehr oder weniger intensiv auf die Entwicklungsförderung der Schülerinnen und Schüler abzielen soll.

Bei der Selbstkonzeptforschung handelt es sich (zunächst aus der Sicht von Forscherinnen und Forschern) um ein besonders *faszinierendes Themengebiet*, weil ihre Ursprünge bis in das 19. Jahrhundert zurückgehen, sie gleichzeitig aber auch seit mehreren Jahrzehnten bis heute eine nur schwer überschaubare Anzahl und Vielfalt von Erkenntnissen, Wissen und Befunden hervorgebracht hat und diese Dynamik gewiss noch nicht zu einem Ende gekommen ist. Zudem ist die relevante Literatur trotz der heute breit verfügbaren wissenschaftlichen Datenbanken – nicht zuletzt wegen der dynamischen Publikationsaktivitäten in verschiedenen Wissenschaftsdisziplinen – manchmal etwa verstreut und nicht immer leicht zu finden.

Weil dieses Lehrbuch dem Anspruch folgt, einen lesbaren und nicht zu umfangreichen Ein- und Überblick über die Relevanz des Selbstkonzepts für Bewegung und Sport, aber auch der Bedeutung von Bewegung und Sport für das Selbstkonzept zu bieten, kann es die gesamte Komplexität dieses so *vitalen Forschungsgebiets* nicht vollständig und im Detail nachzeichnen. Es bedarf vielmehr der Beschränkung, ohne Wichtiges auszulassen, aber auch der Vereinfachung, ohne über Gebühr zu simplifizieren. Daher konzentriert sich das Lehrbuch inhaltlich *auf pädagogisch-psychologische Fragen und Probleme*, obwohl das Selbstkonzept u. a. auch sozialpsychologisch intensiv erforscht wurde. Zudem stehen das Selbstkonzept von *Heranwachsenden* und seine Entwicklung im Mittelpunkt, ohne auf wichtige Erkenntnisse zu späteren Lebensabschnitten gänzlich zu verzichten. Und auch wenn der Fokus auf Bewegung und Sport gerichtet ist, bedarf es des Öfteren einer Darstellung von Forschungsergebnissen aus anderen Feldern, damit die grundsätzlichen Gedankenfiguren und Argumentationen verständlich und nachvollziehbar werden.

Ein weiteres, besonderes Merkmal der Selbstkonzeptforschung ist, dass sich ihre moderne Entwicklung in einem *Wechselspiel zwischen theoretischen Überlegungen* und *empirischen Befunden* vollzogen hat. Letztere sind dabei häufig mit methodischen Innovationen und entsprechender Statistik verknüpft und daher aus komplexen wie besonders anspruchsvollen Datenanalysen hervorgegangen. Um auch statistisch weniger bewanderte Leserinnen und Lesern „mitzunehmen", wie man heute gerne sagt, erläutern *Exkurse* insbesondere methodische oder statistische Verfahren auf einem zwar grundsätzlichen Niveau, das aber das Verständnis der in diesem Buch vorgestellten Überlegungen und Argumentationen erlaubt. *Bei-*

spiele illustrieren hin und wieder abstrakte Überlegungen und sollen deren Verständnis erleichtern, während *Literaturtipps* zur weiteren Lektüre ermuntern. In sparsam verwendeten *Definitionen* werden schließlich wichtige Begriffe oder Konzepte des Haupttextes hervorgehoben, und *Fragen und Denkanstöße* bieten zum Abschluss eines jeden Kapitels die Möglichkeit, sich intensiver mit dem jeweiligen Thema auseinanderzusetzen und den eigenen Lernprozess zu unterstützen.

1.2 Aufbau des Lehrbuchs

Das Lehrbuch gliedert sich in insgesamt acht Kapitel, die vor dem Hintergrund des Gesamtkonzepts der Buchreihe „Basiswissen Lernen im Sport" auf zwei Bände aufgeteilt sind. Der hier vorliegende erste Band widmet sich den Grundlagen des Selbstkonzepts und seiner Entwicklung, während der zweite Band Fragen der Differenzierung und Anwendung in den Mittelpunkt stellt.

Im Anschluss an diese Einführung wird zunächst das *mehrdimensionale Modell des Selbstkonzepts* vorgestellt und erläutert (Kap. 2). Dazu werden in einem knappen historischen Rückblick frühe Theorien des Selbst und wesentliche theoretische Weiterentwicklungen erläutert (Abschn. 2.1), die auch in aktuellen Überlegungen noch eine Rolle spielen. Anschließend wird das heute weithin akzeptierte, moderne Modell der pädagogisch-psychologischen Selbstkonzeptforschung behandelt (Abschn. 2.2). Im Mittelpunkt stehen dabei die mehrdimensionale, hierarchische Struktur des Selbstkonzepts (Abschn. 2.2.1), seine Stabilität und Veränderlichkeit (Abschn. 2.2.2) sowie abschließend die zentralen Verfahren, mit denen das Selbstkonzept empirisch erfasst werden kann (Abschn. 2.2.3).

Das dritte Kapitel widmet sich, dem Kernanliegen dieses Lehrbuchs im Hinblick auf Bewegung und Sport folgend, dem *körperlichen Selbstkonzept*. Nach der Vorstellung von dessen Struktur (Abschn. 3.1) stehen verschiedene mehrdimensionale Modellvorstellungen im Blickpunkt, die vor allem hinsichtlich des körperlich-sportlichen Fähigkeitsselbstbildes unterschiedliche Konzepte vorschlagen (Abschn. 3.2). Inwieweit tatsächlich erbrachte sportliche Leistungen mit entsprechenden Fähigkeitskonzepten korrespondieren, stellt Abschn. 3.3 vor. Und schließlich wird der Frage nachgegangen, wie gut Lehrkräfte die Fähigkeitsselbstbilder ihrer Schülerinnen und Schüler einschätzen können (Abschn. 3.4).

Da ein wesentliches Merkmal des modernen Selbstkonzeptmodells in seiner Veränderlichkeit zu sehen ist, beantwortet das vierte Kapitel verschiedene Fragen, *wie das Selbstkonzept zustande kommt*: Zunächst werden die markanten Muster der Entwicklung der Selbstkonzepte von Kindern und Jugendlichen mit Blick auf ihre kognitive Entwicklung nachgezeichnet (Abschn. 4.1), danach stehen die

Informationsquellen, aus denen sich die Selbstbilder speisen, im Mittelpunkt (Abschn. 4.2). Dass für die Entstehung und Entwicklung des Selbstkonzepts insbesondere Vergleichsprozesse und damit verbundene Maßstäbe eine herausragende Rolle spielen, macht Abschn. 4.3 deutlich und erläutert die Mechanismen und Wirkungen von sozialen (Abschn. 4.3.1), temporalen (Abschn. 4.3.2) sowie dimensionalen Vergleichen (Abschn. 4.3.3). Und schließlich wendet sich das Kapitel einem pädagogisch bedeutsamen Aspekt zu, nämlich inwieweit (junge) Menschen in der Lage sind, die eigene Person realistisch einzuschätzen (Abschn. 4.4).

Im *zweiten Band* stehen im Anschluss an die Einführung die *differenzierten Effekte und Mechanismen im Zuge der Selbstkonzeptentwicklung* im Mittelpunkt, die für das Feld der Selbstkonzeptforschung besonders charakteristisch sind. Dabei geht es zunächst um das Phänomen, dass Menschen ihre Fähigkeiten bevorzugt vor dem Hintergrund von sozialen Vergleichen in ihrer jeweiligen Bezugsgruppe beurteilen (Big-Fish-Little-Pond-Effekt), aber auch dazu neigen, ihre Fähigkeitskonzepte im Horizont verschiedener Lebens- und Kompetenzbereiche einzuschätzen (Internal/External-Frame-of-Reference-Modell). Inwieweit einzelne Fähigkeitsselbstkonzepte, insbesondere das sportliche Fähigkeitsselbstbild, *Einfluss auf das generelle Selbstwertgefühl* einer Person ausüben, stellt das anschließende Kapitel im Hinblick auf die sogenannte Wichtigkeitshypothese vor. Ob und inwieweit sich die eingangs skizzierten, optimistischen Erwartungen von Wirkungen des Sportengagements auf die Entwicklung von Heranwachsenden in den Ergebnissen der modernen Selbstkonzeptforschung wissenschaftlich stützen lassen, behandelt ein weiteres Kapitel: Nachdem zunächst geklärt wird, welche theoretischen Überlegungen überhaupt *Zusammenhänge zwischen Sport(engagement) und Selbstkonzept* annehmen lassen, wird in einem ersten Schritt die (querschnittliche) Befundlage dargestellt, in welchem Ausmaß sich empirisch Unterschiede im Selbstkonzept zwischen sportlich aktiven und in dieser Hinsicht unauffälligen Heranwachsenden finden lassen. Im Anschluss daran werden längsschnittliche Studienergebnisse gesichtet, die Hinweise liefern, inwiefern das *Sportengagement das Selbstkonzept beeinflusst* oder eine umgekehrte Wirkungsrichtung empirisch beobachtet werden kann. Und schließlich wird der Frage nachgegangen, ob der Zusammenhang zwischen Selbstkonzept und Sport gezielt, z. B. durch pädagogische Maßnahmen, beeinflusst werden kann. Den Abschluss des zweiten Bands dieses Lehrbuchs bildet eine *anwendungsorientierte Bilanz*, indem die vorgestellten Erträge der Selbstkonzeptforschung im Hinblick auf die schulpädagogische Bedeutung des Selbstkonzepts sowie pädagogisch wünschenswerte Größenordnungen von Selbsteinschätzungen erörtert und schließlich *Empfehlungen für einen selbstkonzeptförderlichen Sportunterricht* vorgeschlagen werden.

Literatur

Asendorpf, J. & Neyer, F.J. (2012). *Psychologie der Persönlichkeit* (5. Aufl.). Berlin, Heidelberg: Springer.

Brettschneider, W.-D. (2008). Mozart macht schlau und Sport bessere Menschen. Transfereffekte musikalischer Betätigung und sportlicher Aktivität zwischen Wunsch und Wirklichkeit. In V. Oesterhelt, J. Hofmann, M. Scholz & H. Altenberger (Hrsg.), *Sportpädagogik im Spannungsfeld gesellschaftlicher Erwartungen, wissenschaftlicher Ansprüche und empirischer Befunde* (S. 15–26). Hamburg: Czwalina.

Conzelmann, A. (2009). Differentielle Sportpsychologie – Sport und Persönlichkeit. In W. Schlicht & B. Strauß (Hrsg.), *Grundlagen der Sportpsychologie* (S. 375–439). Göttingen: Hogrefe.

Conzelmann, A. & Schmidt, M. (2020). Persönlichkeitsentwicklung durch Sport. In J. Schüler, M. Wegner & H. Plessner (Hrsg.), *Sportpsychologie: Grundlagen und Anwendung* (S. 337–354). Berlin, Heidelberg: Springer.

Heim, R. (2002). *Jugendliche Sozialisation und Selbstkonzeptentwicklung im Hochleistungssport: Eine empirische Studie aus pädagogischer Perspektive.* Aachen: Meyer & Meyer.

Weinberg, R.S. & Gould, D. (2019). *Foundations of sport and exercise psychology* (7th Ed). Champaign, IL.: Human Kinetics.

Das mehrdimensionale Modell des Selbstkonzepts 2

> **Zusammenfassung**
>
> Dieses Kapitel bietet einen Überblick über das pädagogisch-psychologische Modell des mehrdimensionalen Selbstkonzepts. Ausgehend von einem historischen Rückblick stehen die prägenden theoretischen Überlegungen von Shavelson et al. (1976) im Mittelpunkt. Vor diesem Hintergrund werden die mehrdimensionale hierarchische Struktur und die Stabilität des Selbstkonzepts mit Blick auf die Ergebnisse auch empirischer Forschung in den letzten Jahrzehnten behandelt. Abgeschlossen wird dieses Kapitel mit einer Darstellung der wesentlichen Verfahren, um das Selbstkonzept mit Fragebogen zu erfassen.

2.1 Frühe Theorien des Selbst

Aus unserer Perspektive, die wir in modernen Gesellschaften leben und aufgewachsen sind, ist die Beschäftigung mit der eigenen Person, mit dem Ich oder dem Selbst nahezu selbstverständlich. Es ist aber ein Irrtum anzunehmen, dies wäre auch in früheren Zeiten und Gesellschaften so oder ähnlich gewesen, denn die Gedankenfigur des „Selbst" stellt in der Geschichte der Philosophie ein vergleichsweise *neues Konzept* dar. Zwar finden sich in der antiken (griechischen) Philosophie z. B. Überlegungen zu einer „Sorge für sich selbst" oder der „Beherrschung seiner selbst", ein substantivischer Gebrauch im Sinne „des Selbst" ist jedoch fraglich (Schrader und Schönpflug 2017). Vom „Selbst" ist erst etwa seit dem 17. Jahrhundert die Rede, als die angelsächsischen Philosophen John Locke und David Hume mit dem „self" Fragen der personalen Identität, der Unsterblichkeit der Seele oder der Einheit des Geistes verknüpften (Schrader und Schönpflug 2017).

Als zentraler *historischer Ausgangspunkt* der Selbstkonzeptforschung gilt der Philosoph und Begründer der US-amerikanischen Psychologie William James (1842–1910). Das in seinem Hauptwerk *Principles of Psychology* erstmals 1890 veröffentlichte Kapitel „The Consciousness of Self", das in einem zweiten Werk noch einmal erweitert und präzisiert wurde (James 1892, S. 176–216), entfaltete eine *erste Theorie* des Selbst.

Etliche Gedanken und Ideen dieser Theorie wurden auch in der modernen Selbstkonzeptforschung aufgegriffen, wenngleich viele Annahmen vor dem Hintergrund empirischer Forschungsergebnisse revidiert wurden. Besonders bedeutsam ist die *fundamentale* – und bis heute immer wieder betonte – theoretische *Unterscheidung des Selbst* in eine *subjektive* und eine *objektive Komponente*: „Whatever I may be thinking of, I am always at the same time more or less aware of *myself*, of my *personal existence*. At the same time it is *I* who is aware; so that the total self of me, being as it were duplex, partly known and partly knower, partly object and partly subject, must have two aspects discriminated in it" (James 1892, S. 176). Das „I" oder „self as knower" wird hier als der Bestandteil des Selbst verstanden, der sich auf das Individuum als denkendes, betrachtendes und erkennendes Subjekt bezieht. Demgegenüber markiert das „me" oder „self as known" die Komponente des Individuums, die zum Objekt oder Gegenstand seiner eigenen Wahrnehmung wird. Das „me" oder „empirical self" umfasst in diesem Sinne die Summe aller Inhalte des betrachteten Selbst, der das „I" als Betrachter gewahr wird. Das, was wir in der modernen Forschung unter dem Selbstkonzept verstehen, entspricht daher zumeist dem „me" in der Terminologie von James.

▶ **Selbst** „*In its widest possible sense, however, a man's Self is the sum total of all he CAN call his*, not only his body and his psychic powers, but his clothes and his house, his wife and children, his ancestors and friends, his reputation and works, his lands and horses, and yacht, and bank-account" (James 1890, S. 291).

Diese Differenzierung birgt einerseits die Gefahr, vor allem das betrachtende „I" fälschlich als etwas Konkretes oder real Existierendes zu verstehen, es also zu verdinglichen, indem eine agierende Einheit im Innern des Menschen unterstellt wird. Andererseits droht die Falle, das „I" als etwas Metaphysisches oder Übersinnliches (z. B. im Sinne der „Seele") zu verstehen. Beider Fehldeutungen war sich schon William James bewusst, denn er stellte mehr oder weniger nachdrücklich fest: „The *I* which knows [...] cannot itself be an aggregate, neither for psychological purposes need it be considered to be an unchanging metaphysical entity like the soul, or a principle like the pure Ego, viewed as ‚out of time'" (James 1890, S. 400).

James setzte sich zwar auch mit dem „I" auseinander, hielt es aber im Wesentlichen für ein „metaphysical problem" (1890, S. 401). Rückblickend bezieht sich der *wesentliche Ertrag* von James – neben der fundamentalen Unterscheidung des Selbst als Betrachter und Betrachtetem – auf seine Überlegungen zum „me". Das Selbst als Objekt verstand er als Gesamtheit, „als empirisches Aggregat all jener Dinge, die das Selbst als Subjekt über sich selbst weiß" (Hagemann et al. 2023, S. 495). Dieses empirische Selbst oder Selbstkonzept erstreckt sich nach James auf drei Bestandteile (James 1890, S. 292–297):

1. das *materielle Selbst* (material self), das das Wissen über den eigenen Körper, die Kleidung, Wohnung, den materiellen Besitz, aber auch die unmittelbare Familie wie Eltern, Partner und Kinder umfasst;
2. das *soziale Selbst* (social self), das die Vorstellungen (vieler) anderer Person über sich selbst widerspiegelt und daher viele „social selves" einschließt, sowie
3. das *spirituelle (gedankliche) Selbst* (spiritual self), das aus dem Wissen über eigene Eigenschaften, Einstellungen, Fähigkeiten und Anlagen besteht.

William James hat damit nicht nur den *mehrdimensionalen Charakter* des Selbstkonzepts vorgedacht, also dass es sich auf verschiedene, unterscheidbare Bereiche erstreckt, sondern auch eine *hierarchische Ordnung* der drei Komponenten im Hinblick auf ihre Bedeutung für die Person angenommen (James 1892, S. 191). Das materielle Selbst bildet dabei die grundlegende Basis, das soziale Selbst rangiert darüber, und an der Spitze wird das spirituelle Selbst verortet (Abb. 2.1). Ferner ist bemerkenswert, dass James' Konzept des „me" neben beschreibenden Elementen auch bewertende Anteile vorsah (z. B. „self-feelings and emotions"; James 1892, S. 182 f.) sowie neben dem gegenwärtigen auch ein potenzielles, also zukünftig angestrebtes Selbstkonzept postulierte (James 1892, S. 191).

Vor allem die Annahme eines „social self" bot Überlegungen einen produktiven Anknüpfungspunkt, die weniger psychologisch, sondern eher soziologisch orientiert waren. So sah Charles Cooley (1864–1929) das Selbst als Ergebnis sozialer Interaktionen und verankerte es damit im *Verhältnis von Individuum und Gesellschaft*: „Self and society are twin-born" (Cooley 1902, S. 5). Demnach ist das Selbst nicht ohne die Gesellschaft denkbar, in der es lebt und aufgewachsen ist, sodass es daher nur als soziales Selbst begriffen werden kann. Die Vorstellung eines Individuums von sich selbst erwächst seiner Ansicht nach aus der „Summe der Er-

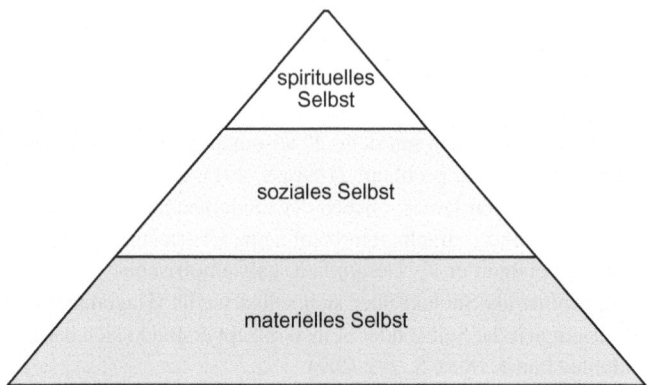

Abb. 2.1 Komponenten und Hierarchie des (empirischen) Selbst nach William James (1892)

fahrungen, die es aus den Reaktionen der Anderen auf sein Verhalten gezogen hat" (Abels 2017, S. 212). Das Individuum vermag sich selbst also erst über die Kommunikation mit einer anderen Person zu erkennen. Im Gegensatz zur Konzeption von James ist das Bewusstsein von sich selbst daher in dieser Vorstellung sozial determiniert. Zudem griff Cooley dessen Unterscheidung von „I" und „Me" nicht auf, sondern verwendete die Begriffe „I" und „Selbst" synonym.

Die Vorstellung vom eigenen Selbst (self-idea) erwächst nach Cooley in einem Prozess der *Widerspiegelung* in der Interaktion mit anderen: „As we see our face, figure, and dress in the glass, and are interested in them because they are ours [...]; so in imagination we perceive in another's mind some thought of our appearance, manners, aims, deeds, character, friends, and so on, and are variously affected by it" (Cooley 1902, S. 184). Weil das Selbst also aus Prozessen der Widerspiegelung hervorgeht, hat Cooley die bis heute prominente Metapher des „looking-glass self" für dieses soziale Selbst geprägt.

Dieses *Spiegel-Selbst* besteht aus drei Elementen:

1. der Vorstellung, wie wir auf unser Gegenüber wirken,
2. der Annahme, wie diese Person uns bzw. unser Auftreten oder unsere Erscheinung beurteilt, sowie
3. einem (Selbst-)Gefühl, wie z. B. Kränkung oder Stolz, das wir mit einer Bewertung verbinden.

Der Aufbau meines Selbstbilds hängt also nicht davon ab, was andere Menschen (tatsächlich) über mich denken, sondern davon, was ich annehme, dass sie über mich denken (Lohaus und Vierhaus 2019, S. 205). Von besonderer Bedeutung für diese Konstruktion des eigenen Selbst aus der (Fremd-)Wahrnehmung anderer sind nach Cooley die Menschen, die dem betreffenden Individuum im Hinblick auf ihre Wichtigkeit oder Sympathie nahestehen (1902, S. 175).

Den Gedanken der *sozialen Konstitution des Selbst* erweiterte George Herbert Mead (1863–1931), indem er nicht nur direkte Face-to-Face Interaktionen in seinem Konzept berücksichtigte, sondern auch soziale Gruppen und deren Normen. Mead knüpft, ganz ähnlich wie Cooley, an die „social selves" von James an und hebt deren soziale Konstitution hervor: „[…] it is not initially there, at birth, but arises in the process of social experience and activity, that is, develops in the given individual as a result of his relations to that process as a whole and to other individuals within that process" (Mead 1962/1934, S. 135).

Im Vergleich mit Cooley steht Meads Argumentation den Überlegungen von James näher, weil auch er von der anthropologischen Voraussetzung ausgeht, dass der Mensch sich selbst zum Gegenstand seines Denkens machen kann, also die Fähigkeit zur Selbstreflexion besitzt. Allerdings gründet er das Selbst nicht auf der inneren Erfahrung von Bewusstsein, sondern auf *sozialen Handlungen* und ihrer Verarbeitung: „The individual experiences himself as such, not directly, but only indirectly, from the particular standpoints of other individual members of the same social group, or from the generalized standpoint of the social group as a whole to which he belongs" (Mead 1962/1934, S. 138).

Zugleich geht dieses Konzept damit aber auch über Cooleys „looking-glass self" hinaus, da das Selbst nicht nur als Widerspiegelung des Gegenübers in der unmittelbaren Begegnung und Interaktion entsteht. Vielmehr bezieht das Individuum auch die *typischen Einstellungen* und *Haltungen anderer Akteure* des gemeinsamen Erfahrungs- und Handlungskontexts mit ein, die nicht direkt an der Interaktion beteiligt sind. Dieser komplexe Prozess gelingt allerdings nur, weil das Individuum die grundsätzliche Fähigkeit besitzt, sich in sein Gegenüber hineinzuversetzen. Diese Kompetenz nennt Mead die *Fähigkeit zur Rollenübernahme* (taking the role of the other). Sie wird vom Kind zunächst durch die Beobachtung und Imitation der mehr oder weniger unmittelbaren sozialen Umgebung in einem zweistufigen Prozess erlernt und erweitert.

▶ **Literaturtipp** Abels, H. (2017). *Identität: Antworten, Fragen, eine Definition und ein Ziel*. Wiesbaden: Springer VS.

Wer sich etwas intensiver über die soziale Verankerung des Selbst informieren will, findet in Kap. 17, („Identität – sich selbst zum Objekt machen") eine gute und kompakte Darstellung aus soziologischem Blickwinkel.

In der ersten Phase, von Mead „play" genannt, ahmt das Kind im Spiel unterschiedliche Personen, wie die der Mutter, des Vaters oder der Ärztin, nach und spielt im Fantasiespiel deren Rollen. Das Kind denkt und handelt aus der Perspektive dieser *signifikanten Anderen* (significant others), wie Mead diese Rollen genannt hat. Indem es abwechselnd die eigene Rolle und die der signifikanten Anderen einnimmt, diese in einen Dialog verwickelt und deren Rollen im Zusammenhang zu sich selbst durchspielt, gelingt es dem Kind, sich selbst gegenüberzutreten, ein Gefühl für andere, aber auch für sich selbst zu entwickeln (Abels 2020, S. 80 f.).

In der Vorstellung Meads ahmt das Kind im „play" das nach, was ihm aus den Erfahrungen im sozialen Nahraum vertraut ist; es kann sein (Rollen-)Spiel zu jedem Zeitpunkt in eine andere Richtung lenken, weil niemand sein Verhalten beobachtet oder kontrolliert (Abels 2020, S. 82).

Diese Konstellation stellt sich im organisierten Regelspiel gänzlich anders dar. In dieser zweiten Phase, die Mead als „game" bezeichnet, nimmt das Kind die separaten Rollen nicht nacheinander wahr, sondern spielt mehrere Rollen gleichzeitig im sozialen Kontext Gleichaltriger und zumeist sozial vorgespurter Regelspiele.

Das „game" und seine Anforderungen

„Nach und nach gerät das Kind aber in Spielsituationen, an denen mehrere Handelnde gleichzeitig beteiligt sind und in denen bestimmte Regeln, wie ‚man' handeln soll, existieren. So tritt es zunächst ganz unbefangen gegen seinen Ball, bis es feststellt, dass andere just an diesem Ball auch Interesse haben. Gehen wir davon aus, dass beide lernfähig sind und dass ihr Tun ansteckend ist, schon entwickelt sich ein Spiel, in dem die einen dies und die anderen das wollen. Einige bringen schon Erfahrungen mit und nennen das ganze dann Fußballspiel. Es werden Tore markiert, und es wird definiert, wer Freund und wer Gegner ist. Damit ist auch klar, in welche Richtung und zu welchem Zweck der Ball bewegt werden soll. Und schon ist es vorbei mit dem egoistischen Vergnügen. Einer wird verdonnert, sich hinten hinzustellen und jeden Ball, der von den anderen kommt, nur ja festzuhalten. Einem zweiten wird klargemacht, dass er sich am besten hinten aufhält und die anderen auf keinen Fall vorbeilassen darf. Alle anderen erklären sich zu Stürmern und rennen los.

Doch wehe, wenn einer was falsch macht, z. B. den Ball unter den Arm nimmt, oder wenn etwas nicht gelingt, dann heißt es ‚Das darf man nicht!', ‚Du sollst doch …!' oder ‚Warum hast du nicht …?', und manche Kinder geben es dann auf. […] Wenn das Kind aber weiter mitspielen will, dann muss es sich an bestimmte Regeln halten. Ein solches geregeltes Spiel nennt Mead *game*." (Abels 2017, S. 209) ◄

2.1 Frühe Theorien des Selbst

Im „game" ist das Kind mit mehreren Mit-, aber zumeist auch Gegenspielerinnen oder -spielern konfrontiert, die auf sein Verhalten reagieren, wie auch das Kind auf deren Handlungen antworten muss. Dies lässt sich etwa am Beispiel des Basketballspiels illustrieren.

Zunächst muss das Kind sich der Idee und des Ziels des Spiels bewusst sein und sich dieses Ziel zu eigen machen. Ohne dass es sich mit dem Ziel identifiziert, mehr Körbe zu erzielen als die gegnerische Mannschaft, kann das Spiel nicht gelingen. Damit das Kind einen Korb erzielen kann, muss es sich zudem der anderen Spieler oder Spielerinnen bewusst sein, die dieses Ziel ebenfalls verfolgen und die mit ihm kooperieren – die *Mitspielerinnen* oder *Mitspieler*. Es muss aber auch wissen, dass andere Spieler permanent versuchen, diese Korberfolge zu verhindern – die *konkurrierenden Gegenspieler*. Zudem muss das Kind sich darüber im Klaren sein, dass der eigene Korberfolg nur ein Ziel in diesem Spiel darstellt, weil das andere Ziel darin besteht, Korberfolge der Gegner zu verhindern. Also muss es sein Handeln zu jedem Zeitpunkt des Spiels sowohl auf das Handeln der eigenen Mitspieler als auch auf das der Gegner einstellen.

Etwas abstrakter formuliert bedeutet dies, dass das Kind grundsätzlich in der Lage sein muss, nicht nur die eigene Rolle angemessen wahrzunehmen, sondern auch alle anderen Rollen zu kennen und potenziell zu übernehmen (Angreiferinnen – Verteidigerinnen; Mitspieler – Gegenspieler). Um sich in alle Rollen hineinversetzen zu können, bedarf es der Fähigkeit, vom konkreten Handeln der anderen zu abstrahieren und das *zugrunde liegende Prinzip* und die mit den Rollen verknüpfte „Haltung" zu erkennen. Diese „generelle Organisation der Haltungen" der im „game" Beteiligten bezeichnet Mead als *generalisierte* oder *verallgemeinerte Andere* (generalized others). Dabei sind die generalisierten Anderen auch mit typischen (gesellschaftlich geprägten) Erwartungen an richtiges Handeln verbunden (Abels 2020, S. 83).

Mit dieser Gedankenfigur des generalisierten Anderen kommen also *soziale Regeln, Normen und Werte* in den Horizont. Im „game" steht das Kind damit unter sozialer Beobachtung, und seine Leistungen und Fähigkeiten werden vor dem Hintergrund von Werten und Normen beurteilt. In Gestalt von Mimik, Gestik und verbalen Äußerungen der Mit- und Gegenspieler erfährt es also, wie sein Handeln von den anderen eingeschätzt wird, und kann diese Einschätzungen für sein Selbstbild nutzen.

Der Gedanke des *generalisierten Anderen* wird von Mead zwar am Beispiel des (Regel-)Spiels erläutert, ist dabei aber nicht auf dieses Feld beschränkt. Vielmehr sind allen gemeinschaftlichen Situationen und Handlungen generalisierte Andere und eben auch allgemeine Erwartungen unterlegt, die das Verhalten der beteiligten Personen regulieren und deren Bewertung erlauben. In diesem Sinne handelt es sich also beim „generalisierten Anderen" um den „gedachte(n) Horizont der Vorstellungen, was ‚man' in einer bestimmten Situation gewöhnlich so tut und was man deshalb auch von allen Beteiligten mit Fug und Recht erwarten kann" (Abels 2020, S. 85).

Nach Mead entsteht das Bewusstsein eines Menschen von sich selbst also wesentlich *in Interaktionen mit anderen Menschen*. Dieses Bewusstsein stellt das Selbst dar und entsteht aus dem Denken im Rahmen der *Rollenübernahme*: „Die Rolle eines anderen zu übernehmen bedeutet nicht nur, dass wir von *seinem* Standpunkt aus den Zweck *seines* Verhaltens reflektieren, sondern dabei auch *unser* Verhalten bedenken, auf das er reagiert. Denken ist ein inneres Gespräch des Individuums mit konkreten oder gedachten Anderen – und mit sich selbst!" (Abels 2020, S. 93).

Zusammenfassend kann festgehalten werden, dass die historischen Wurzeln der Selbstkonzeptforschung in der grundlegenden theoretischen Unterscheidung des Selbst in „I" und „me" durch William James gegen Ende des 19. Jahrhunderts liegen. Aufbauend auf der anthropologischen Einsicht, dass der Mensch in der Lage ist, sich selbst zum Gegenstand seiner Beobachtung zu machen, konzipiert James das betrachtete Selbst (me) als *mehrdimensionales* Bild von der eigenen Person. Charles Cooley vertieft zu Beginn des 20. Jahrhunderts den Gedanken, dass dieses Selbstbild nicht allein aus der inneren Selbstbetrachtung des Individuums entsteht, sondern auch auf wahrgenommenen Reaktionen der *sozialen Umwelt* im Zusammenhang mit dem eigenen Verhalten basiert. George Herbert Mead schließlich erweitert das theoretische Verständnis, indem er die soziale Verankerung des Selbstbilds darüber hinaus im Kontext von *sozialen Regeln, Normen und Werten* beschreibt und begründet.

Die frühen Theorien entwerfen also ein Modell des Selbst, in dem das Selbstkonzept *zweifach konzipiert* ist: einerseits als Ergebnis *innerpsychischer Prozesse* der Selbstbeobachtung und Selbstreflexion des Individuums, die aber andererseits maßgeblich durch *Interaktionen des Individuums* mit seinen sozialen Umwelten und deren Verarbeitung geprägt werden. Anders formuliert ist das Selbst also Ergebnis sowohl von kognitiven als auch von sozialen Konstruktionen.

Nach diesen frühen Arbeiten fanden das Selbst und seine Theorie in der wissenschaftlichen Diskussion etliche Jahrzehnte wenig Aufmerksamkeit. Dies lag nach Ansicht von Susan Harter (2012), einer bedeutenden entwicklungspsychologisch ausgerichteten Selbstkonzeptforscherin aus den USA, vor allem daran, dass mit der wachsenden Bedeutung einer vornehmlich behavioristisch orientierten, empirischen Forschung die Vorgehensweisen von James, Cooley und Mead ausgesprochen kritisch gesehen wurden. Sie gewannen ihre Erkenntnisse aus rein *theoretischen Überlegungen*, die zwar auf Alltagsbetrachtungen beruhen mochten, aber nicht aus systematischen *empirischen Beobachtungen* hervorgingen. Auch das Verfahren der Introspektion, also der Selbstbeobachtung der eigenen psychischen Prozesse, das für William James das Mittel der Wahl war, galt aus Sicht der Behavioristen als unzuverlässig, ja unwissenschaftlich.

> **Exkurs: Behaviorismus**
> Unter Behaviorismus versteht man die wissenschaftliche Richtung (oder „Schule"), die ausschließlich beobachtbares und messbares Verhalten (behavior) als Grundlage von wissenschaftlichen Erkenntnissen anerkennt. Die vom US-Amerikaner John B. Watson (1878–1958) etwa 1913 begründete und mehrere Jahrzehnte einflussreiche behavioristische Psychologie lehnte daher jegliche Berücksichtigung von innerpsychischen Prozessen wie Wahrnehmen, Denken, Fühlen oder Motivation sowie vor allem die Methode der Introspektion (Selbstbeobachtung der eigenen psychischen Prozesse) ab. Forschungsgegenstand sollten allein die beeinflussenden Umwelteinflüsse (Reize), das beobachtbare Verhalten (Reaktion) und ihre Verknüpfung sein, die methodisch in Experimenten, vor allem an Tieren, erforscht werden sollten.

Die frühen Konzepte des Selbst wurden daher erst im Zuge der sogenannten kognitiven Wende der Psychologie wieder intensiver aufgegriffen, die das Augenmerk im Gegensatz zum Behaviorismus nun (wieder) auf (unbewusste und bewusste) Prozesse des Wahrnehmens, Denkens, Entscheidens, Lernens usw. richtete. Insbesondere seit etwa den 1970er-Jahren avancierten das Selbst und das Selbstkonzept zu einem bevorzugten Thema, das in der Kognitions-, Sozial-, Entwicklungs- und Pädagogischen Psychologie vielfältig erforscht wurde (Möller und Trautwein 2020). Jenseits der Psychologie griff man bevorzugt die Überlegungen von Mead auf, um in der Soziologie das Konzept der „Identität" zu entwickeln und zu entfalten (Abels 2017).

In der gegenwärtigen Forschungslandschaft lassen sich im Wesentlichen zwei, zum Teil konkurrierende, Forschungslinien unterscheiden: zum einen theoretische Konzeptualisierungen, die das Selbstkonzept als *Wissensstruktur* oder Schema verstehen, das zeitliche, räumliche oder kausale Verknüpfungen zwischen (recht individuellen) Elementen des Selbstbilds umfasst (z. B. Hannover 1997; Markus 1977), und zum anderen Theoriemodelle, die das Selbstkonzept als *mehrdimensionale hierarchische Struktur* konzipieren und dessen Bestandteile aus gesellschaftlich vorgespurten Lebens- und Erfahrungskontexten hervorgehen.

▶ **Literaturtipp** Eklund, R. C., Sabiston, C.M. und Kühnen, U. (2023). The self in sport and exercise. In J. Schüler, M. Wegner, H. Plessner und R.C. Eklund (Eds.), *Sport and exercise psycholgy* (S. 459–483). Cham, CH: Springer.

In diesem Buchkapitel findet sich ein ausgezeichneter Überblick über das Selbst im Zusammenhang mit Bewegung und Sport, der vor allem Erkenntnisse jenseits der Selbstkonzeptforschung zusammenfasst.

2.2 Take off der modernen Selbstkonzeptforschung – Das Shavelson-Modell

Bereits in den 1960er-Jahren wuchs das Interesse am Selbstkonzept im Zusammenhang mit pädagogischen oder, in der heutigen Begrifflichkeit, bildungswissenschaftlichen Fragen. Diese Forschung konzentrierte sich im Wesentlichen auf das, was William James als „empirisches Selbst" oder „me" bezeichnet hatte (Abschn. 2.1). Einerseits wurde verstärkt diskutiert, dass sich *schulische Bildung* nicht allein auf die Vermittlung von Wissen und Können beschränken dürfe, sondern auch die Entwicklung, insbesondere der Persönlichkeit, der Schülerinnen und Schüler im Blick behalten müsse. In diesem Sinne avancierte die Entwicklung eines positiven Selbstkonzepts zu einem *schulischen Ziel* mit eigenem pädagogischen Wert. Andererseits legten empirische Befunde bereits nahe, dass das Selbstkonzept eine wichtige Rolle im Hinblick auf schulische Leistungen und Erfolge spielt. Selbst wenn man also gegenüber dem Selbstkonzept als eigenständigem pädagogischem Ziel skeptisch war, wuchs das Interesse, näher aufzuklären, inwieweit das Selbstbild der eigenen Leistungsfähigkeit mit den tatsächlich erzielten Leistungen zusammenhängen könnte.

Als zentraler *Ausgangspunkt* der entsprechenden, modernen pädagogisch-psychologischen Selbstkonzeptforschung gilt der einflussreiche, ja prägende Übersichtsbeitrag von Robert Shavelson, Judith Hubner und George Stanton (Shavelson et al. 1976). Sie sichteten die Forschungsliteratur bis in die frühen 1970er-Jahre aus einer erziehungswissenschaftlichen Perspektive kritisch, um konstruktive Vorschläge für die weitere Selbstkonzeptforschung zu unterbreiten. Der Beitrag kritisierte vor allem die bis dahin mangelhafte theoretische Tiefe und logische Schlüssigkeit der bisherigen Forschung sowie das methodische Vorgehen, das durch die Verwendung oft willkürlich zusammengestellter – und nicht theoretisch fundiert entwickelter– Fragebogen gekennzeichnet war (Möller und Trautwein 2020).

2.2 Take off der modernen Selbstkonzeptforschung – Das Shavelson-Modell

In theoretischer Hinsicht identifizierten Shavelson et al. vor dem Hintergrund vielfältiger Auffassungen einen *begrifflichen Kern* dessen, was mit dem Selbstkonzept gemeint ist, und schlugen folgende (Arbeits-)Definition vor:

„In very broad terms, self-concept is a person's perception of himself. These perceptions are formed through his experience with his environment [...] and are influenced especially by environmental reinforcements and significant others" (Shavelson et al. 1976, S. 411).

Während William James (1890, S. 291) noch, etwas diffus, alle möglichen Fähigkeiten, Eigenschaften, Körpermerkmale, materiellen Besitztümer und soziale Anerkennungen zum Selbstkonzept gezählt hatte, präzisierten Shavelson et al. das Verständnis und konzentrierten es auf die *Wahrnehmungen der eigenen Person*. Diese Wahrnehmungen, so betonen sie, gehen auf die Erfahrungen und Erlebnisse des Individuums in und mit seiner Umwelt zurück. Zudem wird hervorgehoben, dass es sich beim Selbstkonzept um eine gedankliche Konstruktion, ein *theoretisches Konstrukt*, handelt: „We do not claim an entity within a person called ‚self-concept'" (James 1976, S. 411). Dieser wichtige Gedanke ist gut nachvollziehbar, wenn man sich z. B. vor Augen hält, dass man zwar sich selbst, aber nicht sein Selbst waschen kann.

Bemerkenswert ist ferner, dass in diesem Verständnis von einer *Wechselwirkung* zwischen Individuum und Umwelt ausgegangen wird, denn die Selbstwahrnehmungen werden nicht nur aus den Erfahrungen geformt, die ein Individuum in seiner Umwelt und insbesondere im sozialen Kontakt (hier vor allem gedacht als Verstärkungen und Beziehungen zu anderen, wie etwa Eltern, Lehrern, Freunden etc.) sammelt, sondern die im Erfahrungskontext entstandenen Selbstwahrnehmungen eines Individuums wirken auch auf sein Verhalten und Handeln ein und beeinflussen so wiederum rückwirkend seine Selbstwahrnehmungen: „One's perceptions of himself are thought to influence the way in which he acts, and his acts in turn influence the way in which he perceives himself" (Shavelson et al. 1976, S. 411).

Dieser Gedanke ist deshalb bedeutsam, weil damit auch theoretisch konsistent eine zweifache Bedeutung des Konstrukts für pädagogisch-psychologische Fragestellungen verknüpft ist: das Selbstkonzept einerseits als *Ergebnis* von Entwicklungs-, Sozialisations-, Bildungs- oder Erziehungsprozessen und andererseits als *beeinflussender Faktor* (Mediator), der hilft, die Resultate oder Prozesse anderer pädagogisch interessierender Konstrukte (z. B. schulische oder sportliche Leistungen, Lernverhalten, Wahlentscheidungen) zu verstehen und zu beschreiben.

▶ **Selbstkonzept** Das Selbstkonzept eines Individuums besteht aus der Gesamtheit der Wahrnehmungen der eigenen Person, die durch ihre Erfahrungen in und mit ihrer Umwelt geprägt werden (Shavelson et al. 1976, S. 411).

Über diese begriffliche Präzisierung hinaus schlugen Shavelson et al. (1976) wichtige Annahmen im Hinblick auf maßgebliche Charakteristika des Selbstkonzepts vor, die für die weitere Selbstkonzeptforschung bedeutsam werden sollten. Neben dem Plädoyer, dass das Konstrukt des Selbstkonzepts nicht nur beschreibende (deskriptive) Inhalte („Ich mag Sport"), sondern auch bewertende (evaluative) Anteile („Ich bin eine sehr gute Sportlerin") umfasst, setzen sich die Autoren vor allem mit der *Struktur* und der *Stabilität* des Konstrukts auseinander. Die nun folgenden Abschnitte erläutern diese beiden zentralen Charakteristika zunächst im Hinblick auf die theoretischen Überlegungen von Shavelson et al. (1976), stellen aber auch Modifikationen und Weiterentwicklungen dar, die sich vor allem auf der Grundlage empirischer Untersuchungsbefunde für die Konzeptualisierung des mehrdimensionalen Selbstkonzeptmodells ergeben haben.

▶ **Literaturtipp** Möller, J. und Trautwein, U. (2020). Selbstkonzept. In E. Wild und J. Möller (Hrsg.), *Pädagogische Psychologie* (3. Aufl., S. 187–209). Wiesbaden: Springer VS.

Jens Möller und Ulrich Trautwein, zwei der renommiertesten deutschen Selbstkonzept- und Bildungsforscher, geben hier einen exzellenten und kompakten Überblick über den Stand der Erkenntnisse im Hinblick auf die fachübergreifende Bedeutung des Selbstkonzepts für Schule und Unterricht, allerdings findet der Sportunterricht kaum Berücksichtigung.

2.2.1 Struktur des Selbstkonzepts

Ohne die Überlegungen von William James explizit zu nennen, greifen Shavelson et al. (1976) seine Anregung auf, das Selbstkonzept nicht global oder eindimensional, sondern *mehrdimensional* zu konzipieren. Dieser wieder aufgegriffene Gedanke war auch deshalb einflussreich auf die weitere Forschung, weil er deutlich mit der bis dahin dominierenden Vorstellung brach, das Selbstkonzept und seine Zusammenhänge mit schulisch relevanten Aspekten auf der Basis eines eindimensionalen globalen Selbstbilds zu erforschen. Mit der Betonung der Mehrdimensionalität hängt zunächst die Frage zusammen, wie die Wahrnehmungen der eigenen Person organisiert bzw. strukturiert sind.

2.2 Take off der modernen Selbstkonzeptforschung – Das Shavelson-Modell

Grundsätzlich handeln wir alle und verhalten uns zu vielen verschiedenen Zeitpunkten, in vielen verschiedenen Situationen sowie zu und mit vielen anderen Menschen: in der Familie, in Schule, Universität oder dem Beruf, in Freizeit und Sport, beim Arzt oder Behördengang. Dementsprechend erleben wir eine nahezu unendliche Menge von Dingen, machen eine nicht mehr gänzlich erfassbare Fülle von Erfahrungen.

Um diese überwältigende Menge und *Komplexität* von Erfahrungen und Eindrücken mental zu handhaben, bilden Menschen *Kategorien*, nach denen sie ihre Wahrnehmungen ordnen. Wir reduzieren also die Fülle und Komplexität unserer Erfahrungen, indem wir sie einerseits unter einem übergeordneten Zusammenhang voneinander unterscheiden (z. B. sportliche Erfahrungen im Verein versus Erfahrungen in der Schule), andererseits aber gleichzeitig zu einer bestimmten Gruppe von Erfahrungen zusammenfassen.

Eine erste, *grundlegende Kategorisierung* dürfte im Hinblick auf das Selbstkonzept darin bestehen, die Erfahrungen im Zusammenhang mit ihrer Relevanz für das eigene Selbst zu unterscheiden. Wir alle machen alltägliche Erfahrungen, die für das Bild von der eigenen Person keine Bedeutung besitzen, etwa, dass der Bus auf dem Schul- oder Arbeitsweg heute leer ist, dass es regnet oder die Sonne scheint usw. Daneben sammeln wir aber auch, wohl weniger häufig, Erfahrungen, die wir auf unsere *eigene Person* beziehen (können), indem wir uns im überfüllten Bus genervt fühlen, uns ärgern, dass wir an einem Regentag die falsche Kleidung gewählt haben, oder freuen, wenn wir eine Leistung in Schule, Studium, Beruf oder Sport erbracht haben.

Aber auch die für die eigene Person (potenziell) relevanten Erfahrungen und Erlebnisse werden in Form von Kategorien mental organisiert. Diese Kategorien hängen mit den unterschiedlichen Bereichen unseres Lebensalltags zusammen, weil in den jeweiligen Lebensbereichen jeweils *typische Situationen* und Anforderungen auftreten: In der Familie und in Gleichaltrigengruppen ergeben sich in der Regel zumeist Situationen, die mit den sozialen Beziehungen zusammenhängen; in Schule, Studium und Beruf sind die meisten Situationen und Erfahrungen im Zusammenhang mit Erwartungen an Leistungen und Fähigkeiten angesiedelt, und im Sport geht es vorwiegend um körperliche Leistungen, während im schulischen Unterricht vornehmlich intellektuelle Leistungen gefordert werden.

Mit dieser in Form von Kategorisierungen vorliegenden Organisation des Selbstkonzepts ist, so Shavelson et al. (1976), das zweite Charakteristikum des *mehrdimensionalen Aufbaus* verbunden. In diesem Sinne reflektiert das Selbstkonzept die Erfahrungen in verschiedenen Lebensbereichen und wird als Konstrukt konzipiert, das mehrere inhaltliche Dimensionen oder Facetten umfasst, wie

z. B. das schulische oder das soziale Selbstkonzept. Die Mehrdimensionalität trägt der bereits von William James formulierten Annahme Rechnung, dass das Selbstbild eines Menschen in seiner Gesamtheit nicht einheitlich oder konsistent ist, denn Menschen sind sich in der Regel darüber im Klaren, dass sie die Anforderungen in manchen Bereichen (z. B. im Sport) recht leicht bewältigen können, während sie in anderen Kontexten (z. B. Musik) eher Schwierigkeiten haben, oder dass sie sich in verschiedenen sozialen Kontexten durchaus unterschiedlich verhalten (z. B. im Beruf akribisch und im Privaten eher nachlässig). Daher bilden sich Einschätzungen der eigenen Person offensichtlich um bestimmte *Ausschnitte der Lebenswelt* herum, kristallisieren quasi an ihnen.

Die grundsätzlich mehrdimensionale Struktur des Selbstkonzepts konnte in vielen empirischen Studien eindrücklich bestätigt werden und ist in der pädagogisch-psychologischen Forschung heute weithin akzeptiert. Besonders klar sind die Befunde für Kinder (z. B. Marsh et al. 1983), für Jugendliche (z. B. Marsh et al. 1985) und für junge Erwachsene (z. B. Marsh 1987), aber auch im Hinblick auf spätere Lebensabschnitte lässt sich empirisch zeigen, dass das Selbstkonzept mehrere inhaltliche Bereiche oder Dimensionen umfasst (z. B. Diehl et al. 2001).

Zudem gehen Shavelson et al. (1976), ebenso wie James, davon aus, das Selbstkonzept sei *hierarchisch* aufgebaut und strukturiert. Auch dieses Charakteristikum hängt mit der kategorialen Organisation des Selbstkonzepts zusammen, denn die einzelnen Erfahrungen in spezifischen Situationen werden, so Shavelson et al. (1976), in ihrer Summe auf einer *höheren Ebene* zusammengefasst, also zu einem Selbstbild in einem bestimmten Bereich abstrahiert. Aus verschiedenen spezifischen Erfahrungen in einem Lebenskontext, wie z. B. schnell laufen, kräftig und gezielt werfen, hoch und weit springen zu können, setzt das Kind ein allgemeineres generalisiertes Erfahrungsmuster zusammen, das die Selbsteinschätzung erlaubt, über gute sportliche Fähigkeiten zu verfügen. Dieses Muster, einzelne Erfahrungen zu kombinieren und auf höherer, abstrakterer Ebene zu verschmelzen, wird in allen Facetten wirksam und führte zur Modellvorstellung, dass das gesamte mehrdimensionale Selbstkonzept hierarchisch strukturiert ist.

Daher postulierten Shavelson et al. (1976) verschiedene *(Hierarchie-)Ebenen* des Selbstkonzepts, die sich aus der Kombination jeweils zusammenhängender Einzelfacetten ergeben. Dieser Gedanke kann am Beispiel des schulischen Selbstkonzepts gut nachvollzogen werden: Schülerinnen und Schüler sammeln Erfahrungen ihrer Leistungen und Fähigkeiten in einzelnen Unterrichtsfächern, indem sie etwa ihre Fähigkeiten im Lesen und Schreiben im Hinblick auf den Deutschunterricht oder ihre Leistungen in Geometrie und Algebra im Hinblick auf den Mathematikunterricht bündeln. So entwickeln sie entsprechende Fähigkeitsselbstkonzepte in Deutsch, Mathematik, Geschichte, Naturwissenschaften usw.,

2.2 Take off der modernen Selbstkonzeptforschung – Das Shavelson-Modell

die wiederum zu einem allgemeinen Fähigkeitsselbstkonzept der schulischen Leistungen kombiniert und abstrahiert werden.

Die Überlegungen zur Organisation, zum mehrdimensionalen und hierarchischen Aufbau des Selbstkonzepts mündeten in eine schematische Struktur, die später als *Shavelson-Modell* Eingang in die Selbstkonzeptforschung gefunden hat und im Hinblick auf die grundsätzlichen Überlegungen bis heute in pädagogisch-psychologischen Zusammenhängen weitgehend akzeptiert ist (Abb. 2.2). Der bemerkenswerte Einfluss dieser Modellvorstellung wirkt rückblickend etwas überraschend, denn Shavelson et al. (1976) beschreiben ihr Modell nur sehr beiläufig und verzichten – mit Ausnahme eines sehr knappen Hinweises auf Analogien zu einem Modell intellektueller Fähigkeiten – auf nähere Überlegungen oder Begründungen.

Das in Abb. 2.2 dargestellte Modell gibt (offenbar)[1] die Struktur des mehrdimensional und hierarchisch organisierten Selbstkonzepts von *Heranwachsenden* wieder, da die Bereiche des schulischen (academic) und außerschulischen (nonacademic) Selbstkonzepts unterschieden werden, die sich wiederum in bereichsspezifische Facetten (subareas of self-concept; Shavelson et al. 1976, S. 413) auffächern. Die bereichsspezifischen schulischen Selbstkonzepte ergeben sich aus den Bewertungen und Erfahrungen in den jeweiligen Unterrichtsfächern, mit denen die Schüler konfrontiert werden. Prinzipiell wären also bereichsspezifische Selbst-

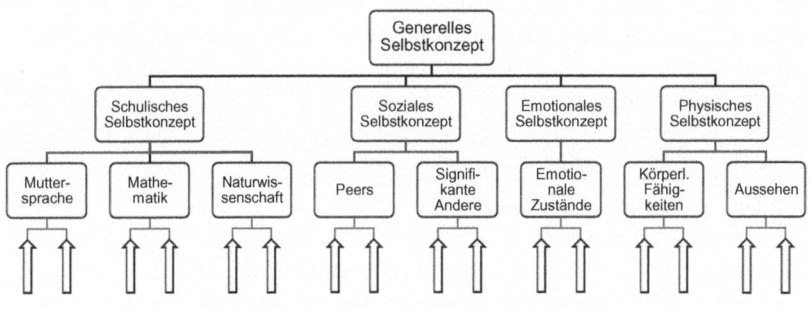

Abb. 2.2 Modell des mehrdimensionalen und hierarchischen Selbstkonzepts (von Heranwachsenden). (Modifiziert nach Shavelson et al. 1976, S. 413)

---

[1] Die Autoren sprechen lediglich von „one possible representation of the hierarchical organization" (Shavelson et al. 1976, S. 413). Da sie zuvor aber auf Studien verweisen, die aus offenen Selbstbeschreibungen von Schülerinnen und Schülern hervorgingen, scheint der Bezug plausibel.

konzepte im Zusammenhang mit allen unterrichteten Fächern modellkonform.[2] Die außerschulischen Facetten umfassen nach Shavelson et al. (1976) das soziale, das emotionale und das körperliche Selbstkonzept, ohne dass die Autoren diesen Strukturvorschlag erläutern oder begründen.

Gleichwohl lässt sich dieses Modell aufgrund von *alltagsweltlichen Beobachtungen* und *Erfahrungen* plausibilisieren: Die Lebenswelt von Kindern und Jugendlichen ist gewiss zu großen Anteilen durch den Besuch der Schule geprägt, während die Wahrnehmungen der eigenen Person ebenso gewiss mit ihren Emotionen und sozialen Beziehungen sowie mit dem eigenen Körper verknüpft sind. Systematischer lässt sich die inhaltliche Struktur des Selbstkonzepts vor dem Hintergrund des Konzepts der Entwicklungsaufgaben (Havighurst 1965/1948) begründen: Die in den lebensphasenspezifischen Entwicklungsaufgaben repräsentierten, gesellschaftlich vorgeformten Erwartungen an das Individuum lenken in Verbindung mit biologischen Entwicklungsveränderungen seine Aufmerksamkeit in bestimmten Altersspassagen auf bestimmte Bereiche und Erfahrungen seines täglichen Lebens.

Daher dürften die verschiedenen *Entwicklungsaufgaben* „als organisations- und strukturgebende Kategorie(n) für selbstbezogene Inhalte und Prozesse" (Staudinger und Greve 1997, S. 6) dienen. Die oben skizzierte Wechselwirkung zwischen Individuum und Umwelt(kontext) wird so auch im Zusammenhang mit den Entwicklungsaufgaben deutlich, denn das Selbstkonzept regt einerseits die Auseinandersetzung mit Entwicklungsaufgaben an und steuert ihre Bewältigung mit, andererseits aber schlagen sich die damit zusammenhängenden Veränderungen im Selbstkonzept nieder.

Exkurs: Entwicklungsaufgaben
Das 1948 erstmals publizierte Konzept der Entwicklungsaufgaben (developmental tasks) geht auf den US-amerikanischen Pädagogen Robert J. Havighurst (1900–1991) zurück. Es geht davon aus, dass jeder Mensch in den verschiedenen Lebensabschnitten vor typische Herausforderungen gestellt wird, die sich aus (1) den körperlichen und psychischen Veränderungen des Individuums (z. B. in der Pubertät), (2) alterstypischen gesellschaftlichen

---

[2] So hat z. B. Marsh (1990c) in einer Studie zur Struktur des schulischen Selbstkonzepts von Sekundarschülern ein Spektrum von 15 Schulfächern untersucht, das sich u. a. auch auf Geografie, Religion und Musik erstreckte.

> Erwartungen (z. B. lesen und schreiben zu können) und (3) Zielen, Erwartungen und Wertvorstellungen des Individuums (z. B. ökonomische Unabhängigkeit) ergeben. Die erfolgreiche Bewältigung von Entwicklungsaufgaben führt zu individueller Zufriedenheit und gesellschaftlicher Anerkennung sowie zu günstigen Voraussetzungen für die Bearbeitung nachfolgender Entwicklungsaufgaben, während eine missglückte Lösung mit persönlicher Unzufriedenheit und sozialer Missbilligung sowie Schwierigkeiten bei der Bewältigung späterer Entwicklungsaufgaben verknüpft ist.
>
> Jeder Lebensabschnitt weist dabei bestimmte Entwicklungsaufgaben auf, die teilweise aufeinander aufbauen. So zählen zu den Entwicklungsaufgaben des Jugendalters z. B. die (emotionale) Lösung von den Eltern, der Aufbau neuer, reifer und vertrauensvoller Beziehungen zu Gleichaltrigen, die Akzeptanz des (infolge der Pubertät veränderten) eigenen Körpers oder der Erwerb intellektueller Fähigkeiten, um eigene Rechte und Pflichten ausüben zu können und für eine spätere Berufstätigkeit qualifiziert zu sein. Das Konzept der Entwicklungsaufgaben wurde wegen seiner stark normativen Annahmen zwar verschiedentlich (und zu Recht) kritisiert, gilt aber nach Modifikationen und Aktualisierungen bis heute als wichtiger theoretischer Zugang, insbesondere im Hinblick auf das Jugendalter. Eine ausführlichere, aber dennoch kompakte Darstellung des Konzepts bieten z. B. Eschenbeck und Knauf (2018), sportpädagogische Zusammenhänge finden sich in Neuber (2007).

Das Grundmodell der hierarchischen Struktur des Selbstkonzepts nimmt also an, dass die Erfahrungen und Einschätzungen in verschieden Lebenssituationen generalisiert werden und an der Basis zu *bereichsspezifischen Selbstkonzepten* führen, die im Gedächtnis abgelegt werden. Die bereichsspezifischen Selbstkonzepte wiederum speisen in einem weiteren Schritt der Generalisierung Selbstkonzepte auf einer höheren Ebene (schulisches, soziales, emotionales und körperliches Selbstkonzept), die schließlich zu einem allgemeinen oder *generellen Selbstkonzept* gebündelt werden, das an der Spitze der Hierarchie steht. Das generelle Selbstkonzept wird heute dabei zumeist als Kombination deskriptiver und evaluativer Momente verstanden und daher auch als *allgemeiner Selbstwert* bezeichnet (z. B. Hannover und Greve 2018; Möller und Trautwein 2020), wenngleich zuweilen recht streng zwischen dem selbstbezogenen Wissen (Selbstkonzept) und dem Selbstwert im Sinne subjektiver Bewertungen differenziert wird (z. B. Lohaus und Vierhaus 2019; Morf und Koole 2014).

Diese *hierarchische Struktur* des Selbstkonzepts bildet bis heute eine wesentliche Grundlage der pädagogisch-psychologischen Selbstkonzeptforschung und ist weitgehend akzeptiert (z. B. Marsh und Hattie 1996; Möller und Trautwein 2020). Allerdings wurde die detaillierte Ordnung, insbesondere im Hinblick auf die Struktur des schulischen Selbstkonzepts, vor dem Hintergrund einer großen Zahl von empirischen Studien modifiziert (Abschn. 4.3.3).

Exkurs: Korrelation
Eine Korrelation gibt an, wie stark zwei Variablen statistisch zusammenhängen. Im Falle einer positiven Korrelation gilt, dass der Wert der Variable B steigt, wenn Variable A zunimmt (und umgekehrt). Sinkt der Wert der Variable B, wenn Variable A größer wird (oder umgekehrt), spricht man von einer negativen Korrelation. Korrelationen sind grundsätzlich ungerichtet, liefern also *keinerlei* Informationen darüber, welche Variable die andere bedingt (Kausalität). Die Stärke des Zusammenhangs zwischen den Variablen gibt der *Korrelationskoeffizient* (r) an, dessen Spannweite von $+1,0$ bis zu $-1,0$ reicht. Ein Wert von 0,0 zeigt also an, dass keinerlei Zusammenhang zwischen den Variablen vorliegt, während $+1,0$ bzw. $-1,0$ einen perfekt positiven bzw. negativen Zusammenhang zeigen. Zumeist werden die Größenordnungen der Korrelationen gemäß einer Faustregel von Cohen (1988) beurteilt:

geringe bzw. schwache Korrelation	$r \geq .10$
mittlere bzw. moderate Korrelation	$r \geq .30$
große bzw. starke Korrelation	$r \geq .50$

Zudem verdichten sich die Hinweise, dass die *hierarchische Struktur* des Modells für das soziale und das körperliche Selbstkonzept fraglich ist. Gemäß dem Shavelson-Modell sollten die bereichsspezifischen Selbstkonzepte der sozialen Beziehungen zu Peers und der zu den Eltern hoch miteinander korrelieren (im Sinne eines globalen sozialen Selbstkonzepts), wie auch die Facetten der sportlichen Fähigkeiten und des Aussehens, die das globale körperliche Selbstkonzept bilden sollten. Diese Muster konnten allerdings nicht empirisch bestätigt werden: In einer Studie an Schulkindern der 5. und 6. Klasse (Marsh et al. 1983) fielen die Zusammenhänge innerhalb des körperlichen und des sozialen Selbstkonzepts moderat aus (r ≈ 0,30), während das Selbstkonzept des Aussehens und der sportlichen Fähigkeiten enger mit dem Bild der sozialen Peer-Beziehungen assoziiert waren (r ≈ 0,42).

Dieses Muster zeigte sich auch in einer Studie an deutschen Schülern vergleichbaren Alters, die zwischen dem *Selbstkonzept des Aussehens* und den *sozialen Peerbeziehungen* eine starke Korrelation von r = 0,66 ermittelte (Arens et al. 2011). Auch unter jungen Erwachsenen fand Marsh (1987) zwar substanzielle Zusammenhänge zwischen den sozialen Selbstbildern (von r = 0,32 bis r = 0,52) und den körperlichen Facetten (r = 0,43), gleichzeitig aber auch hohe Korrelationen zwischen dem sportlichen Fähigkeitsselbstbild und dem Selbstkonzept der sozialen Beziehungen zu den Peers des eigenen Geschlechts (r = 0,62) sowie dem Selbstkonzept des Aussehens zu dem der sozialen Beziehungen zum anderen Geschlecht (r = 0,42). Insgesamt weisen die Befunde darauf hin, dass sich die von Shavelson et al. (1976) postulierten Selbstkonzepte auf der Ebene unterhalb des generellen Selbstkonzepts nicht empirisch bestätigen lassen.

2.2.2 Stabilität des Selbstkonzepts

Mit der mehrdimensionalen und hierarchischen Struktur hängen *weitere charakteristische Merkmale* des Shavelson-Modells zusammen, die die Stabilität des Selbstkonzepts betreffen. In einem weiteren Sinne von Stabilität geht es um die Frage, inwieweit sich die Dimensionen oder Inhaltsbereiche des Selbstkonzepts über die Lebensspanne verändern. Diese Form von Stabilität wird auch „strukturelle Stabilität" (Möller und Trautwein 2020, S. 196) genannt. Im engeren Sinne bezeichnet Stabilität die Veränderung des Selbstkonzepts in kürzeren Zeitabschnitten bei *unveränderter dimensionaler Struktur*, also etwa die Veränderungen des mathematischen Fähigkeitsselbstkonzepts über ein Schuljahr oder Entwicklungen des Selbstkonzepts körperlich-sportlicher Fähigkeiten infolge eines hochleistungssportlichen Engagements.

Letzteres Beispiel macht darauf aufmerksam, dass Fragen der Stabilität insbesondere für die Prüfung von Wirkungen einer unterschiedlichen Lebensgestaltung auf das Selbstkonzept von hoher Bedeutung sind, denn nur dann, wenn das Selbstkonzept eine gewisse Änderungssensitivität besitzt, sich also in bestimmten Zeiträumen überhaupt verändern kann, ergeben entsprechende Untersuchungen, z. B. im Rahmen von Interventionen, Sinn.

> **Exkurs: Stabilität**
> Grundsätzlich lassen sich verschiedene Formen oder Konzepte von Stabilität unterscheiden, die jeweils mit anderen Aussagen verknüpft sind. Die *strukturelle Stabilität* bezieht sich auf die Unveränderlichkeit der inhaltlichen Dimensionen eines Konstrukts im Zeitverlauf. Sie lässt sich mithilfe der Veränderungen der Korrelationen zwischen den Dimensionen des Konstrukts messen.
>
> Unter *Positionsstabilität* (oder *normativer Stabilität*) wird die (Un-)Veränderlichkeit von interindividuellen Differenzen im Hinblick auf die Rangpositionen in einer Stichprobe im Zeitverlauf verstanden. Sie kann empirisch anhand der Korrelationen zwischen zwei Messzeitpunkten einer Konstruktdimension erfasst werden.
>
> Die *Mittelwertstabilität* schließlich bezieht sich auf durchschnittliche Veränderungen in einer Personengruppe über die Zeit. Eine knappe Übersicht, auch über weitere Konzepte, findet sich bei Möller und Trautwein (2020, S. 195 f.).

Betrachten wir zunächst die *strukturelle Stabilität* des Selbstkonzepts im Lebenslauf. Ohne auf die alterstypischen Veränderungen im Detail einzugehen (Abschn. 4.1), ist die Entwicklung des Selbstkonzept nach Shavelson et al. (1976) durch eine mit dem Alter wachsende Differenzierung der Selbstkonzeptfacetten gekennzeichnet, die vor allem mit der Zunahme von Erfahrungen und der Erweiterung von Erfahrungskontexten verbunden ist: „With increasing age and experience […] self-concept becomes increasingly differentiated" (Shavelson et al. 1976, S. 414).

Die Autoren haben dabei vor allem die Entwicklung von Kindern im Blick, die zunächst lediglich ein globales, noch undifferenziertes Bild von sich selbst besitzen und erst mit der Entwicklung ihrer *kognitiven Fähigkeiten* bereichsspezifische Selbstkonzepte ausbilden können. Zudem ist die Entwicklung vom Kind zum Jugendlichen auch dadurch gekennzeichnet, dass sich die Heranwachsenden zunehmend *neue Lebenskontexte* erschließen, in denen sie entsprechende Erfahrungen als Grundlage für Selbstwahrnehmungen sammeln können. So ist die typische Lebenswelt des jüngeren Kindes vornehmlich auf die Familie und zumeist die unmittelbare Nachbarschaft bzw. Geselligkeitskontakte der Eltern beschränkt und erweitert sich sukzessiv durch den Besuch des Kindergartens und der Schule, durch gemeinsame Aktivitäten mit weiter entfernt wohnenden Gleichaltrigen oder auch Freizeitaktivitäten im Sport- oder Musikverein, in der Malschule oder der Kirchengemeinde usw.

2.2 Take off der modernen Selbstkonzeptforschung – Das Shavelson-Modell

Es liegt auf der Hand, dass mit dieser Ausweitung der Lebenswelt auch eine *Zunahme von Erfahrungen* verbunden ist, die thematisch unterschiedlich geprägt sind (z. B. körperlich-sportlich im Sportverein, kognitiv in der Schule) und für das Bild von der eigenen Person bedeutsam werden (können). *Wachsende Differenzierung* des Selbstkonzepts bedeutet daher einerseits eine Zunahme der inhaltlichen Dimensionen, andererseits auch die Verarbeitung von Erfahrungen in unterschiedlichen Lebenskontexten und deren Integration in das Selbstkonzept (z. B. Wahrnehmungen der körperlichen Fähigkeiten oder der sozialen Beziehungen sowohl im Kindergarten als auch in der Sportgruppe des Vereins).

Ein solches *Wachstumsmuster* lässt sich grundsätzlich plausibel – mit einer wohl sinkenden Dynamik – auch für den weiteren Verlauf, also Jugend, frühes und möglicherweise mittleres Erwachsenenalter, annehmen. Die Entwicklung kann allerdings auch durch eine *Verringerung von Erfahrungskontexten* (z. B. im Zuge von Krankheit, Wohnortwechsel oder Interessenverlagerung) gekennzeichnet sein und sich entsprechend in der Struktur des Selbstkonzepts niederschlagen. Darüber hinaus kann man für das höhere Erwachsenenalter annehmen, dass die Abnahme körperlicher und kognitiver Fähigkeiten sowie die eigene Gesundheit im Selbstbild bedeutsamer werden. Mit dem Ausscheiden aus dem Beruf gerät zudem ein wesentlicher (aktueller) Lebenskontext aus dem Blickfeld, und Freizeitaktivitäten gewinnen möglicherweise an Bedeutung. Dass dies nicht nur plausible Annahmen sind, deutet eine Studie von Freund (1995) an: Aus offenen Selbstbeschreibungen älterer Menschen jenseits des 70. Geburtstags ließen sich einige typische Themenbereiche identifizieren, die sich vor allem auf Interessen und Hobbys, Fähigkeiten bei der Bewältigung von Alltagsroutinen (z. B. Hausarbeiten) und die eigene Gesundheit erstreckten.

Die *strukturelle* Stabilität des Selbstkonzepts lässt sich anhand der Korrelationen zwischen den Selbstkonzeptfacetten bzw. der Veränderung dieser Korrelationen im Zeitverlauf untersuchen. Die zunehmende *Differenzierung* der Selbstkonzeptfacetten müsste sich dementsprechend in sinkenden Korrelationen im Altersverlauf zeigen.

Marsh (1990a) konnte eine solche Entwicklung allerdings nicht durchgängig beobachten, denn die Größe der Zusammenhänge sank zwar recht deutlich bis zur 5. Klasse, verblieb danach aber auf einem recht stabilen Niveau (Abb. 2.3). Daher wird mittlerweile davon ausgegangen, dass die Annahme einer generell steigenden Differenzierung des Selbstkonzepts nicht aufrechterhalten werden kann (Möller und Trautwein 2020). Vielmehr scheint dieser Prozess etwa mit dem Einsetzen der Pubertät zu einem Abschluss zu kommen.

In einem engeren Sinne betrifft die Stabilität die Frage, inwieweit sich das Selbstkonzept in vergleichsweise kurzen Zeitabständen bei gleichbleibender di-

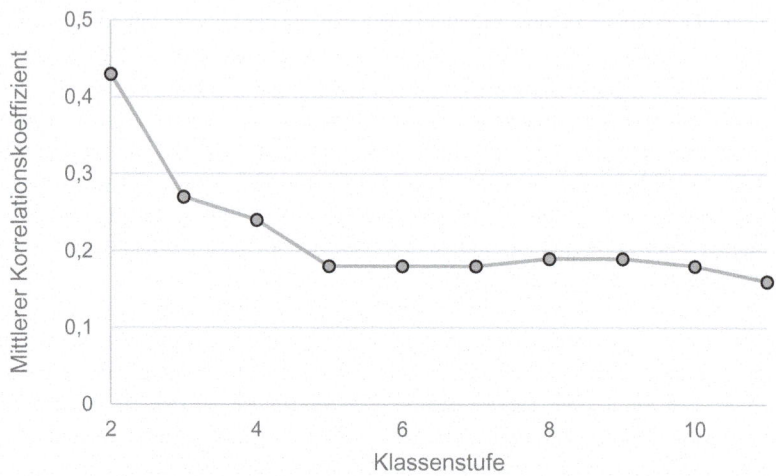

Abb. 2.3 Mittlere Korrelationen zwischen den Selbstkonzeptfacetten von der 2. bis zur 11. Klasse. (Eigene Darstellung nach Daten von Marsh 1990a, S. 107)

mensionaler Struktur verändert. Wenn wir uns vor Augen halten, dass die Selbstkonzeptfacetten auf unteren Ebenen relativ eng mit den jeweiligen Erfahrungen in einem Alltagsbereich zusammenhängen und sich mit jeder höheren Ebene wegen der Generalisierungen von ihnen schrittweise entfernen, ist von unterschiedlichen Stabilitäten des Selbstkonzepts von der Basis bis zur Spitze auszugehen.

So nahmen Shavelson et al. (1976) entsprechend an, dass die *situationsnahen Selbstkonzeptfacetten* an der Basis vor dem Hintergrund neuer Erfahrungen vergleichsweise leicht veränderlich sind, also eine geringe Stabilität aufweisen, und es umfangreicherer oder recht bedeutsamer neuer Informationen bedarf, damit sich das Selbstkonzept auf einer höheren Ebene verändert. Demnach sollte das Selbstkonzept an der Spitze, das generelle Selbstkonzept, also im Vergleich sehr stabil sein, während die Veränderlichkeit mit jeder Ebene in Richtung der Basis sinkt.

In dieser Hinsicht sind nach Möller und Trautwein (2020) zwei Konzepte von Stabilität zu unterscheiden: Positions- (oder normative Stabilität) und Mittelwertstabilität. Unter *Positionsstabilität* wird die Stabilität von Unterschieden innerhalb einer Personengruppe über die Zeit verstanden. Eine hohe Positionsstabilität liegt also dann vor, wenn z. B. die Rangfolge von Schülern auf dem Kontinuum von hohen und niedrigen Ausprägungen des mathematischen Fähigkeitsselbstkonzepts über mehrere Messzeitpunkte ähnlich bleibt. Idealtypisch berichten also viele derjenigen Schüler, die in der 3. Klasse ein hohes mathematisches Selbstkonzept besaßen, auch in der 4. Klasse über hohe mathematische Fähigkeiten; und vice versa verfügen diejenigen in der 4. Klasse über ein ungünstiges mathematisches Fähigkeitsselbstbild, die schon in der 3. Klasse im unteren Bereich rangierten. In diesem Zusammenhang ist darauf hinzuweisen, dass Veränderungen des Mittelwerts in einer Schulklasse nicht zwingend mit einer geringen Positionsstabilität verbunden sind: Sinken etwa die Mittelwerte des muttersprachlichen Selbstkonzepts im Verlauf der Grundschule bei allen Schülern relativ ähnlich, so führt dies trotzdem zu einer hohen Positionsstabilität.

Zur Beurteilung der Positionsstabilität werden die Korrelationen der Selbstkonzeptwerte der gesamten Personengruppe zwischen zwei Messzeitpunkten herangezogen. Im Hinblick auf Grundschüler beobachteten Marsh et al. (1998) für das Selbstkonzept des Lesens in der 1. Klasse innerhalb eines Jahres eine Korrelation von r = 0,25 und in der 2. Klasse von r = 0,64; das mathematische Selbstkonzept wies eine Stabilität von zunächst r = 0,31 und ein Schuljahr später von r = 0,46 auf. Ein ähnliches Muster zeigte sich im Selbstkonzept der sozialen Beziehungen zu Gleichaltrigen (r = 0,35 bzw. r = 0,65), während das sportliche Fähigkeitsselbstbild sowie das Selbstkonzept des Aussehens bereits in der 1. Klasse eine hohe Positionsstabilität aufwiesen (r_{Sport} = 0,52 und $r_{Aussehen}$ = 0,43) und in der 2. Klasse kaum Veränderungen auftraten. Für das generelle Selbstkonzept lag die Positionsstabilität im 2. Schuljahr bei r = 0,42 und ein Jahr zuvor bei r = 0,22. Im Rahmen der deutschen Grundschule beobachtete Seyda (2011, S. 244) Zweijahresstabilitäten im Zeitraum von Klasse 1 bis 3 von r = 0,19 für das generelle Selbstkonzept, von r = 0,20 für das soziale Selbstkonzept und von r = 0,32 für das globale motorische Fähigkeitskonzept. Gegen Ende der Grundschulzeit konnten engere Zusammenhänge von der 3. zur 4. Klasse beobachtet werden, denn der Selbstwert wies eine Stabilität von r = 0,26 auf, das soziale Selbstkonzept von r = 0,36 und die allgemeinen motorischen Selbsteinschätzungen von r = 0,53 (Seyda 2011, S. 244).

In einer weiteren deutschen Längsschnittuntersuchung betrug die Einjahresstabilität des globalen körperlich-sportlichen Selbstkonzepts für Jungen zwischen r = 0,39 (8.–9. Lebensjahr) und r = 0,52 (9.–10. Lebensjahr), die Werte für die Mädchen lagen zwischen r = 0,40 und r = 0,49 (Ahnert 2005, S. 220). Die auf der gleichen Datengrundlage, aber anderer veränderter Stichprobenzusammensetzung beruhende Studie von Asendorpf und Teubel (2009) fand im Zeitraum zwischen dem 8. bis 10. und 12. Lebensjahr eine Stabilität des globalen motorischen Fähigkeitskonzepts von r = 0,40 bei den Mädchen und von r = 0,66 bei den Jungen. Unter Schülern der Sekundarschule beobachteten Zimmerman et al. (1997, S. 125) ausgehend von der 6. Klasse über ein Jahr eine Stabilität des Selbstwerts von r = 0,53 und über vier Jahre von r = 0,29. Da sich ähnliche Größenordnungen auch in anderen Studien an älteren Schülern finden, resümieren Möller und Trautwein (2020):

„Insgesamt weisen Selbstkonzepte damit eine recht hohe normative Stabilität auf. Wer sich zu einer bestimmten Zeit ein vergleichsweise hohes Selbstkonzept berichtet hat, berichtet auch noch Jahre später mit einer gewissen Wahrscheinlichkeit ein vergleichsweise hohes Selbstkonzept" (S. 195).

Obwohl diese Zusammenhänge auf eine *substanzielle Stabilität* der Selbstkonzeptfacetten zu einem relativ frühen Zeitpunkt in der Lebensspanne hinweisen, deutet sich jedoch gleichzeitig eine nicht zu unterschätzende *Änderungssensitivität* an, d. h., das Selbstkonzept kann sich durchaus, etwa im Rahmen von bedeutenden Änderungen im Lebenskontext, kritischen Lebensereignissen, Interventionsmaßnahmen oder lebenslauftypischen Sozialisationsprozessen wandeln (Hannover und Greve 2018, S. 560 f.).

Im Hinblick auf das generelle Selbstkonzept oder den allgemeinen Selbstwert konnten dies z. B. Zimmerman et al. (1997) zeigen. Während sie vier unterschiedliche Typen von jugendlichen Entwicklungsmustern des (generellen) Selbstkonzepts identifizierten (konsistent hoch [48 %], moderat und steigend [19 %], kontinuierlich sinkend [20 %] und konsistent niedrig [13 %]), führten Veränderungen im Verlauf von der 6. bis zur 10. Klasse am Ende zu einer veränderten Rangfolge (Abb. 2.4).

Allerdings lässt sich die ursprüngliche Annahme unterschiedlicher Stabilitäten auf verschiedenen Ebenen des Selbstkonzepts im Shavelson-Modell nicht empirisch bestätigen. Bei vergleichsweise hoher Positionsstabilität weisen sowohl die bereichsspezifischen Selbstkonzepte als auch das generelle Selbstkonzept gleichwohl ein nicht zu unterschätzendes Veränderungspotenzial auf.

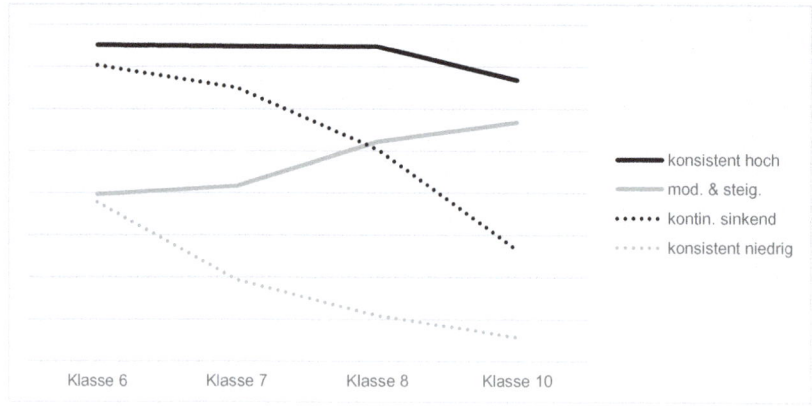

Abb. 2.4 Veränderungen des Selbstwerts in vier Gruppen im Verlauf der Sekundarschule. (Modifiziert nach Zimmerman et al. 1997, S. 127)

2.2 Take off der modernen Selbstkonzeptforschung – Das Shavelson-Modell

Dass sich das Selbstkonzept veränderlich zeigt, kann im Hinblick auf die *Mittelwertstabilität* erhärtet werden. Die Mittelwertstabilität bezieht sich, wie der Name schon sagt, auf Veränderungen des Mittelwerts z. B. einer Schulklasse in einer Selbstkonzeptfacette innerhalb eines bestimmten Zeitraums. Zu beachten ist dabei, dass eine hohe Mittelwertstabilität keineswegs Veränderungen bei einzelnen oder mehreren Schülern ausschließt. Das durchschnittliche Selbstkonzept sportlicher Fähigkeiten in einer Schulklasse würde etwa auch dann kaum Veränderungen zeigen, also mittelwertstabil sein, wenn das Fähigkeitsselbstbild der Mädchen sinkt, aber gleichzeitig das der Jungen steigt (vgl. auch Möller und Trautwein 2020, S. 195) (Abb. 2.5).

Belastbare empirische Befunde zur *Mittelwertstabilität* der verschiedenen Selbstkonzeptfacetten lagen lange nur eingeschränkt und vor allem im Hinblick auf das Kindes- und Jugendalter vor, denn sie stammten im Wesentlichen aus angloamerikanischen Studien bis in die 1980er-Jahre und beruhten auf unechten Längsschnittdesigns, die also nicht eine über mehrere Messzeitpunkte identische Stichprobe beobachteten, sondern die jeweiligen Mittelwerte für die verschiedenen Klassenstufen in einem großen Sample heranzogen.

Mittlerweile bietet die Metaanalyse von Orth et al. (2021) auch für Heranwachsende einen ersten guten, wenn auch recht groben Überblick über die *internationalen* (echt) längsschnittlichen *Forschungsergebnisse*. Demnach steigen die Selbsteinschätzungen der generellen schulischen Fähigkeiten im Laufe der Grundschulzeit und nehmen in der Sekundarschule mehr oder weniger kontinuierlich ab. Allerdings weist das mathematische Fähigkeitsselbstbild ab etwa der 2. Klasse

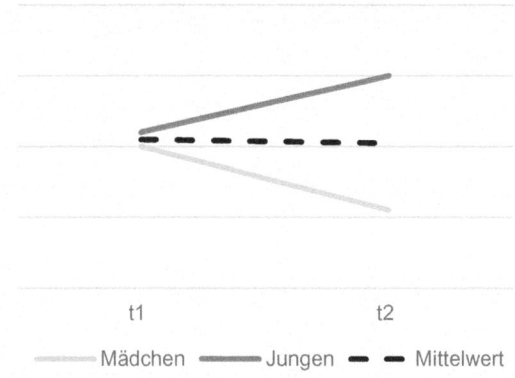

Abb. 2.5 Mittelwertstabilität bei Veränderungen in Teilgruppen. (Eigene schematische Darstellung)

einen kontinuierlich sinkenden Trend auf, und das muttersprachliche Selbstkonzept verschlechtert sich zwischen der 3. und 7. Schulklasse noch deutlicher, um sich danach aber wieder zu verbessern. Das soziale Selbstkonzept entwickelt sich zwischen dem 6. und 8. Lebensjahr negativ, um dann wieder zu steigen, wobei im Zuge der Pubertät, also zwischen 14 und 16 Jahren, eine episodische Talsohle durchlaufen wird. Deutlich geringere Veränderungen weist das Selbstbild der körperlichen Attraktivität auf, denn es bleibt – abgesehen von einem „Zwischentief" bei 12- bis 14-Jährigen – auf recht ähnlichem Niveau. Auch das Selbstkonzept der körperlich-sportlichen Fähigkeiten erweist sich gegenüber anderen Selbstkonzeptfacetten als eher stabil: Vom Beginn bis zum Ende der Grundschule schätzen sich die Kinder sukzessiv günstiger ein, zeigen dann bis zur 7. Sekundarschulklasse einen Einbruch, dem aber ein positiver Trend bis zum Ende der Schullaufbahnen folgt.

Im Hinblick auf das *deutsche Schulsystem* liegen seit gut zehn Jahren auch detailliertere Befunde aus echten Längsschnittdesigns für die Grund- und Sekundarschulzeit vor. In der Primarschule (bis zur 6. Klasse) zeigte sich für das Selbstkonzept der sozialen Beziehungen zu Gleichaltrigen sowie zu den Eltern, der Lese- und mathematischen Fähigkeiten sowie des Aussehens und der sportlichen Fähigkeiten eine leicht sinkende Tendenz (Marsh 1985, 1989; Abb. 2.6). Eine ähnliche Entwicklung fanden auch Gerlach und Brettschneider (2013, S. 88 f.) in einem echten Längsschnitt für die deutsche Grundschule im Hinblick auf das

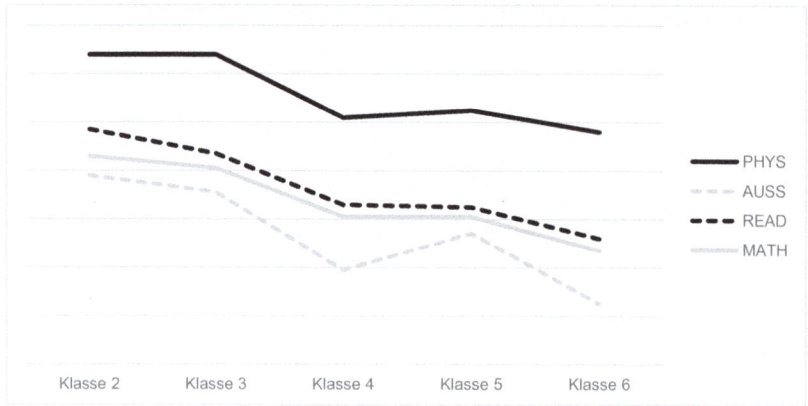

Abb. 2.6 Typische Mittelwertverläufe verschiedener Selbstkonzeptfacetten in der Primarschule. AUSS = Selbstkonzept des Aussehens, MATH = mathematisches Selbstkonzept, PHYS = sportliches Fähigkeitsselbstkonzept, READ = Selbstkonzept der Lesefähigkeiten. (Eigene schematische Darstellung nach Marsh 1985, S. 201)

2.2 Take off der modernen Selbstkonzeptforschung – Das Shavelson-Modell

sportliche Fähigkeitsselbstbild, während sie im Bereich der sozialen Beziehungen zu Gleichaltrigen (S. 84) eine leicht steigende Tendenz und im schulischen Selbstkonzept keine Veränderungen (S. 92) ermitteln konnten. Etwas andere, ebenfalls längsschnittlich gewonnene Befunde bietet Seyda (2011). Sie konnte zeigen, dass der Selbstwert von der 1. bis zur 4. Klasse eine leicht sinkende Tendenz aufweist (S. 232, S. 245 f.), das soziale Selbstkonzept und das motorische Fähigkeitskonzept sich kaum (S. 232, S. 255 und S. 251) verändern und das Selbstbild der Attraktivität sich von der 3. zur 4. Klasse etwas verbessert (S. 233 und S. 252 f.). Dagegen beobachteten Asendorpf und Teubel (2009) sowie Ahnert (2005, S. 218 f.) im Zeitraum vom 8. bis zum 12. Lebensjahr moderat sinkende Selbsteinschätzungen der globalen motorischen Fähigkeiten in einem echten Längsschnittdesign. Negative Trends im Hinblick auf die verschiedenen Fähigkeitsselbstbilder werden zumeist damit begründet, dass Kinder zunächst zu naivoptimistischen Selbsteinschätzungen neigen, die allerdings im Verlauf ihrer Entwicklung zunehmend realistischer werden (Abschn. 4.1 und 4.4).

Für die Sekundarschule zeichnet sich – mit Ausnahme der sozialen Beziehungen zu Peers des anderen Geschlechts sowie des Selbstkonzepts des Aussehens – ein charakteristisch etwa u-förmiger Verlauf der Mittelwerte in allen untersuchten Selbstkonzeptfacetten ab (Abb. 2.7). Die Selbstbilder der mathematischen, verbalen und generellen schulischen Fähigkeiten, aber auch des Aussehens und der sportlichen Fähigkeiten, der Beziehungen zu den Eltern und Gleichaltrigen des anderen Geschlechts sowie das generelle Selbstkonzept neh-

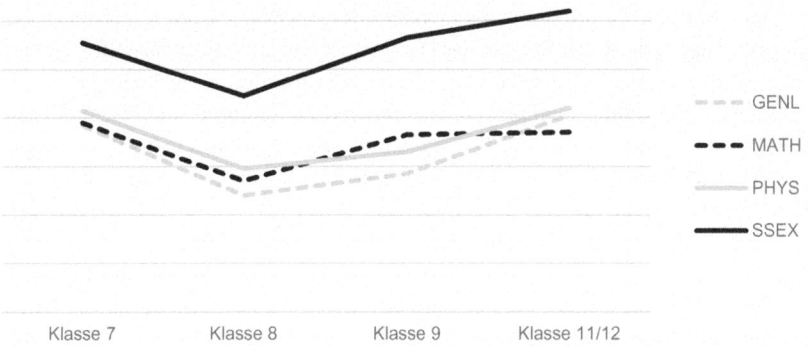

Abb. 2.7 Typische Mittelwertverläufe verschiedener Selbstkonzeptfacetten in der Sekundarschule. GENL = generelles Selbstkonzept, MATH = mathematisches Selbstkonzept, PHYS = sportliches Fähigkeitsselbstkonzept, SSEX = Selbstkonzept der sozialen Beziehungen zu Gleichaltrigen des eigenen Geschlechts. (Eigene schematische Darstellung nach Marsh et al. 1985, S. 436)

men ausgehend von der 7. Klasse bis zur 8. bzw. 9. Klasse leicht ab, um dann zum Ende der Sekundarstufe II hin wieder in etwa auf den Ausgangswert zu steigen (Marsh et al. 1985).

Dieses *Veränderungsmuster* konnten Gerlach und Brettschneider (2013) auch für die von ihnen längsschnittlich fokussierten Selbstkonzepte der Peerbeziehungen, der schulischen und der sportlichen Fähigkeiten beobachten. Die Selbstkonzeptfacetten des Aussehens und der sozialen Beziehungen zu Peers des anderen Geschlechts weisen dagegen eine mehr oder weniger kontinuierlich steigende Tendenz auf (Marsh et al. 1985). Eine jüngere Längsschnittstudie an spanischen Jugendlichen im Alter von ca. 12 bis 19 Jahren beobachtete demgegenüber eine weniger kontinuierliche Abnahme der Selbsteinschätzungen in einigen Selbstkonzeptfacetten (Mathematik, Muttersprache, Eltern- und soziale Beziehungen zu Peers des eigenen Geschlechts sowie körperlich-sportliche Fähigkeiten), während das Selbstkonzept des Aussehens einen u-förmigen Verlauf mit dem Minimum in der 9. Schulklasse aufwies (Esnaola et al. 2020).

2.2.3 Erfassung des Selbstkonzepts

Ausgangspunkt für den wegweisenden Übersichtbeitrag von Shavelson et al. (1976) waren neben theoretisch-konzeptuellen Defiziten der Selbstkonzeptforschung auch Mängel der Erhebungsverfahren, denn die bis dahin eingesetzten Fragebogen waren zumeist ad hoc konstruiert und kaum theoretisch fundiert.

Das Verfahren, Selbstbeschreibungen mithilfe von *Fragebogen* zu gewinnen, ist bis heute die Methode der Wahl in der Datenerhebung der Selbstkonzeptforschung, auch weil mittlerweile eine Reihe von standardisierten Fragebogen für verschiedene Altersgruppen vorliegen, die theoretisch fundiert sind, die üblichen Gütekriterien und psychometrischen Standards erfüllen und sich in der Forschungspraxis bewährt haben (für einen Überblick über englischsprachige Instrumente vgl. Keith und Bracken 1996).

Wesentliche Impulse verdankt die Selbstkonzeptforschung den Fragebogen des Self-Description Questionnaire (SDQ), die von Herbert W. Marsh entwickelt wurden, um zunächst das hierarchische Modell von Shavelson et al. (1976) zu überprüfen. Zudem sind der entsprechenden Forschung mit dieser Reihe von Fragebogen anhand von Faktorenanalysen wesentliche Einsichten in die modifizierte hierarchische Struktur des mehrdimensionalen Selbstkonzept zu verdanken.

2.2 Take off der modernen Selbstkonzeptforschung – Das Shavelson-Modell

> **Exkurs: Faktorenanalyse**
> Die Faktorenanalyse ist ein statistisches Verfahren, das dazu dient, eine größere Menge von gemessenen Variablen auf wenige zugrunde liegende und nicht direkt beobachtete (latente) Faktoren zu reduzieren. Am Beispiel des mehrdimensionalen Selbstkonzepts sollten also die verschiedenen inhaltlichen Facetten als latente Faktoren identifizierbar sein, die jeweils mithilfe von mehreren Items gemessen werden und untereinander nur mäßig korrelieren. Grundsätzlich werden exploratorische und konfirmatorische Faktorenanalysen unterschieden. Während die exploratorische Faktorenanalyse dazu dient, in einer Vielzahl von Variablen dahinterliegende Faktoren ohne vorherige theoretische Annahmen zu erkunden, ist es mit der konfirmatorischen Faktorenanalyse möglich, die theoretisch zuvor angenommene Struktur empirisch zu prüfen.

Der SDQ I (Marsh 1988) dient dazu, das mehrdimensionale Selbstkonzept im *späten Kindesalter* (8–12 Jahre) zu erheben, während der SDQ II (Marsh 1990b) für *Jugendliche* im Alter von etwa 13 bis 17 Jahren geeignet ist und der SDQ III (Marsh 1992) das Selbstkonzept im späten Jugend- und *frühen Erwachsenenalter* (16–25 Jahre) erfasst. Die als Individual- oder Gruppenbefragung (z. B. in der Schulklasse) einsetzbaren Fragebogen umfassen mehrere Dutzend Items, die als Aussagesätze formuliert sind und auf einer Likert-Skala (SDQ I: 5-stufig; SDQ II: 6-stufig; SDQ III: 8-stufig) beantwortet werden sollen, inwieweit die Aussagen zutreffen.

Im Hinblick auf die dimensionale Differenzierung umfasst der *SDQ I* acht Selbstkonzeptfacetten (körperlich-sportliche Fähigkeiten, Aussehen, soziale Beziehungen zu Peers und Eltern, mathematische, muttersprachliche und allgemeine schulische Fähigkeiten sowie Selbstwert), die mithilfe von 76 Items erhoben werden. Der *SDQ II* für die Klassenstufen 7 bis 10 erstreckt sich auf 102 Items, die 11 Facetten des Selbstkonzepts (körperlich-sportliche Fähigkeiten, Aussehen, soziale Beziehungen zu den Eltern sowie zu Peers des eigenen und des anderen Geschlechts, Zuverlässigkeit, emotionale Stabilität, mathematische, muttersprachliche und allgemeine schulische Fähigkeiten sowie Selbstwert) messen (Tab. 2.1). Zudem liegt eine Kurzform dieses Fragebogens vor, der die 11 inhaltlichen Dimensionen über 51 Items erfasst (Marsh et al. 2005). Mit 136 Items ist der *SDQ III* das umfangreichste Instrument und adressiert 13 inhaltliche Dimensionen (zusätzlich zu den Facetten des SDQ II auch spirituelle bzw. religiöse Werte und Problemlösen).

Tab. 2.1 Selbstkonzeptfacetten und Beispielitems des SDQ II. (Marsh 1990b)

Selbstkonzeptfacetten	Beispielitems
Generelles Selbstkonzept	Overall, I have a lot to be proud of
Schulisches Selbstkonzept	I learn things quickly in most school subjects
Mathematische Fähigkeiten	Mathematics is one of my best subjects
Muttersprachliche Fähigkeiten	Work in English classes is easy for me
Soziale Beziehungen zu den Eltern	I get along well with my parents
Soziale Beziehungen zu Peers	I am popular with boys/girls
Zuverlässigkeit	When I make a promise I keep it
Emotionale Stabilität	I often feel confused and mixed up
Körperlich-sportliche Fähigkeiten	I'm good at things like sports, gym, and dance
Aussehen bzw. Attraktivität	Other people think I am good looking

Alle drei Fragebogen weisen gute *psychometrische Qualitäten* auf (z. B. Leach et al. 2006) und konnten im Hinblick auf ihre Struktur wiederholt in exploratorischen und konfirmatorischen Faktorenanalysen empirisch bestätigt werden. Mittlerweile liegen auch validierte deutschsprachige Versionen des SDQ I (Arens 2011; Arens et al. 2011) in einer Lang- und einer Kurzform (Arens et al. 2013) sowie des SDQ III (Schwanzer et al. 2005) vor, die ebenfalls über gute psychometrische Qualität verfügen. Der SDQ II wurde ebenfalls – mit Ausnahme der Skalen des körperlichen Selbstkonzepts – bereits in einer unveröffentlichten deutschsprachigen Fassung eingesetzt und erzielte auch hier gute psychometrische Kennwerte (Heim 2002).

> **Exkurs: Psychometrische Qualität**
>
> Die psychometrische Qualität eines Tests oder Fragebogens erstreckt sich auf die (Haupt-)Gütekriterien der Objektivität, der Reliabilität und der Validität. Das Kriterium der *Objektivität* verlangt, dass ein Fragebogen oder Test identische Ergebnisse liefert, auch wenn er von verschiedenen Personen (Testleitern) durchgeführt wird. Unter *Reliabilität* wird die (formale) Zuverlässigkeit verstanden, wie genau ein Messinstrument das Merkmal misst. Es geht also im Wesentlichen um das Ausmaß des Fehlers einer Messung. Mit der *Validität* wird schließlich das wichtigste Gütekriterium bezeichnet, das sich darauf bezieht, inwieweit der Test oder Fragebogen auch tatsächlich das misst, was er messen soll. Neben den Hauptgütekriterien gelten auch Ökonomie, Nützlichkeit und Zumutbarkeit als Merkmale, die bei der Auswahl eines Erhebungsinstruments bedacht werden sollten. Ausführliche und gut dargestellte Informationen finden sich in Bühner (2021).

2.2 Take off der modernen Selbstkonzeptforschung – Das Shavelson-Modell

Die Reihe der SDQ-Instrumente wurde darüber hinaus durch einen Fragebogen für *Vorschulkinder* sowie im Hinblick auf eine differenziertere Erfassung des schulischen (Marsh 1990a) oder des körperlichen Selbstkonzepts (Marsh et al. 1994; deutschsprachige Version von Stiller und Alfermann 2007) ergänzt (Marsh et al. 2002). Der Self-Description Questionnaire for Preschoolers (SDQP) umfasst sechs bereichsspezifische Selbstkonzeptfacetten (verbale und mathematische Fähigkeiten, soziale Beziehungen zu den Eltern und Peers, körperlich-sportliche Fähigkeiten und Aussehen), die mithilfe von 38 Items in einer Individualerhebung erfasst werden (Marsh et al. 2002). Anhand einer Stichprobe von 4- bis 5-Jährigen zeigte dieser Fragebogen eine gute bis zufriedenstellende psychometrische Qualität.

Insbesondere im Hinblick auf *jüngere Kinder* sind die von Susan Harter konstruierten Fragebogen von Interesse, denn sowohl die Pictorial Scale of Perceived Competence and Social Acceptance for Young Children (Harter und Pike 1984) als auch das Self-Perception Profile for Children (Harter 1985/2012) versuchen das mehrdimensionale Selbstkonzept im Sinne des Shavelson-Modells zu erfassen, sind aber stärker durch entwicklungspsychologische Überlegungen geleitet.

Das bildgestützte Instrument für eine Individualerhebung erstreckt sich auf die vier Selbstkonzeptfacetten der kognitiven Kompetenzen, der körperlich-sportlichen Fähigkeiten, der Akzeptanz bei Gleichaltrigen und der mütterlichen Akzeptanz mit jeweils sechs Items (Harter und Pike 1984). Der Fragebogen adressiert einerseits Vorschulkinder im Alter von 4 bis 5 Jahren sowie andererseits Schülerinnen und Schüler der 1. und 2. Grundschulklasse, wobei die Items für die beiden Altersgruppen mit Blick auf die kognitive Entwicklung zum Teil unterschiedlich formuliert sind (z. B. „good at counting" sowie „good at adding"). Da die vom Testleiter vorgelesenen Items zugleich durch die bildliche Darstellung der beiden Pole der vierstufigen Antwortskala (für Mädchen und Jungen unterschiedlich) flankiert werden, scheint dieses Format für jüngere Kinder besonders gut geeignet.

Unterstützt wird dies durch das zweischrittige Vorgehen: Das Kind soll nach der verbalen Beschreibung der polaren Bilder durch den Testleiter zunächst entscheiden, welchem der beiden abgebildeten Kinder es ähnlicher ist, um sich dann auf das ausgewählte Bild zu konzentrieren und zu beurteilen, ob es dem gewählten Kind ganz genau oder nur in etwa entspricht (Abb. 2.8). Für diesen Fragebogen liegt mittlerweile auch eine deutschsprachige Version für die Grundschule vor, deren vierfaktorielle Struktur – anders als beim Original – auf dem Wege einer konfirmatorischen Faktorenanalyse auch empirisch bestätigt werden konnte (Asendorpf und Aken 1993).

Das inzwischen in einer überarbeiteten Fassung (2012) vorliegende *Self-Perception Profile for Children* (Harter 1985/2012) soll für 8- bis 15-Jährige geeignet sein und umfasst fünf bereichsspezifische Selbstkonzeptfacetten (schulische [scholastic] Kompetenzen, soziale Kompetenzen, körperlich sportliche [athletic] Kompetenzen, Aussehen und Verhalten bzw. Verhaltenssteuerung [behavioral conduct]) sowie eine Skala für den globalen Selbstwert. Um dem Problem der sozialen Erwünschtheit im Antwortverhalten zu begegnen, wird vorgeschlagen, das vierstufige Antwortformat (wie im bildgestützten Verfahren) über eine zweischrittige Beantwortung zu realisieren: Zunächst wird das Kind gebeten, sich für eine der verbal polarisierten Beschreibung zu entscheiden, um in nächsten Schritt zu wählen, inwieweit die ausgesuchte Beschreibung auf es selbst zutrifft (Abb. 2.9). Das Self-Perception Profile weist gute psychometrische Qualität auf und ist vor allem für Kinder von der 3. bis etwa zur 5. Klasse gut einsetzbar. Für das frühe Jugendalter, also ab etwa der 6. Klasse, scheint es weniger geeignet, weil es z. B. nicht zwischen sozialen Beziehungen zu Gleichaltrigen des eigenen und des anderen Geschlechts unterscheidet.

Abb. 2.8 Beispielitem „good at puzzles" für Mädchen aus der Pictorial Scale. (Harter und Pike 1984, S. 1973; abgedruckt mit Genehmigung von Wiley & Sons, Inc.)

Really True for me	Sort of True for me			Sort of True for me	Really True for me
☐	☐	Some kids are happy with the way they look	BUT Other kids are not happy with the way they look	☐	☐

Abb. 2.9 Beispiel des Antwortformats im Self-Perception Profile for Children. (Harter 1985/2012)

2.2 Take off der modernen Selbstkonzeptforschung – Das Shavelson-Modell

▶ **Soziale Erwünschtheit** Unter sozialer Erwünschtheit (social desirability) wird die Tendenz von Probanden verstanden, nicht die tatsächlich auf sie zutreffende Antwort auf ein Item zu geben, sondern diejenige, von der sie meinen, sie entspräche sozialen Erwartungen bzw. Normen.

Neben den skizzierten Fragebogen für die Gesamtheit des mehrdimensionalen Selbstkonzepts finden sich spezifischere *deutschsprachige Instrumente*, die vor allem das schulische Selbstkonzept im Hinblick auf verschiedene Facetten differenzierter fokussieren. Zu nennen sind hier das Verfahren von Rost und Sparfeldt (2002), das grundsätzlich auf alle Unterrichtsfächer angewendet werden kann, sowie die „Skalen zur Erfassung des schulischen Selbstkonzepts (SESSKO)" von Schöne et al. (2002), für die auch Normwerte für die 4. bis zur 10. Schulklasse vorliegen.

Über die klassische Fragebogenmethode hinaus wurde vereinzelt auch (erfolgreich) versucht, das Selbstkonzept über *implizite Verfahren* zu erheben (Greenwald und Farnham 2000; Wolff et al. 2020). Die hierbei verwendeten Impliziten Assoziationstests (IATs), die auf der Messung der Reaktionsgeschwindigkeit auf unterschiedliche verbale Stimuli am Computer basieren, minimieren zwar das Problem der sozialen Erwünschtheit, sind aber ausgesprochen aufwendig in der Konstruktion und Durchführung. Zudem ist bis dato weitgehend unklar, für welche Forschungsfragen derartige „implizite" Selbstkonzepte eine fruchtbare Ergänzung darstellen können (Möller und Trautwein 2020), denn Selbstkonzepte gehen ja aus einer Ko-Konstruktion von eigenen, nur der Person selbst zugänglichen Wahrnehmungen, Einschätzungen, Gefühlen usw. sowie den Reaktionen und dem Verhalten der sozialen Umwelt hervor (Abschn. 2.2.1).

In diesem Sinne sind alle Selbstbeschreibungen eher als Vermischung von sozialen Erwartungen und Normen auf der einen Seite und der individuellen Einschätzungen auf der anderen Seite zu verstehen, sodass die soziale Erwünschtheit weniger problematisch ist als bei Fragestellungen, die Einstellungen gegenüber personexternen Phänomenen oder Konstrukten betreffen (Mummendey 1981).

Fragen und Denkanstöße

1. Welche Überlegungen von William James besitzen auch in der modernen Selbstkonzeptforschung noch (hohe) Bedeutung?
2. Inwieweit erweitert George Herbert Mead die Vorstellungen über den sozialen Einfluss auf das Selbstkonzept?
3. Welches sind die charakteristischen Merkmale des Shavelson-Modells?

4. Inwiefern ließe sich das Selbstkonzept-Modell von Shavelson et al. (1976) heutzutage für Jugendliche mit guten Gründen erweitern?
5. In welchem Bereich des Selbstkonzepts sind das Bild der eigenen sportlichen Fähigkeiten sowie des Aussehens im mehrdimensionalen Modell angesiedelt?
6. Inwiefern ließe sich das körperlich-sportliche Fähigkeitskonzept auch in einem anderen Bereich des mehrdimensionalen Modells platzieren?
7. Inwieweit verändert sich das Selbstkonzept im Hinblick auf seine strukturelle Stabilität im Lebenslauf?
8. Welche Entwicklungen des Selbstkonzepts lassen sich im Hinblick auf die Mittelwertstabilität im Verlauf der Grundschule beobachten?
9. Mit welcher Methode wird das Selbstkonzept bevorzugt erfasst?
10. Inwieweit schlägt sich die Entwicklung von Heranwachsenden in der Erfassung des sozialen Selbstkonzepts in den beiden Formen des SDQ I und SDQ II nieder? ◄

Literatur

Abels, H. (2017). *Identität: Antworten, Fragen, eine Definition und ein Ziel.* Wiesbaden: Springer VS.
Abels, H. (2020). *Soziale Interaktion.* Wiesbaden: Springer VS.
Ahnert, J. (2005). *Motorische Entwicklung vom Vorschul- bis ins frühe Erwachsenenalter – Einflussfaktoren und Prognostizierbarkeit.* Würzburg: Universität Würzburg.
Arens, A.K. (2011). *Selbstkonzepte von Schülern der Klassenstufen 3 bis 6: Messung und Validierung der multidimensionalen Struktur.* Göttingen: Universität Göttingen.
Arens, A.K., Trautwein, U. & Hasselhorn, M. (2011). Erfassung des Selbstkonzepts im mittleren Kindesalter: Validierung einer deutschen Version des SDQ I. *Zeitschrift für Pädagogische Psychologie, 25*(2), 131–144.
Arens, A.K., Yeung, A.S., Craven, R.G. & Hasselhorn, M. (2013). A short German version of the Self Description Questionnaire I: Theoretical and empirical comparability. *International Journal of Research & Method in Education, 36*(4), 415–438.
Asendorpf, J. & Aken, M. (1993). Deutsche Versionen der Selbstkonzeptskalen von Harter. *Zeitschrift für Entwicklungspsychologie und Pädagogische Psychologie, 25*(1), 64–86.
Asendorpf, J. & Teubel, T. (2009). Motorische Entwicklung vom frühen Kindes- bis zum frühen Erwachsenenalter im Kontext der Persönlichkeitsentwicklung. *Zeitschrift für Sportpsychologie, 16*(1), 2–16.
Bühner, M. (2021). *Einführung in die Test- und Fragebogenkonstruktion* (4. Aufl.). München: Pearson.
Cohen, J. (1988). *Statistical Power Analysis for the Behavioral Sciences* (2nd Ed.). Hillsdale, NJ.: Erlbaum.
Cooley, J.M. (1902). *Human nature and the social order.* New York, NY: Scribners.

Literatur

Diehl, M., Hastings, C.T. & Stanton, J.M. (2001). Self-concept differentiation across the adult life span. *Psychology and Aging, 16*(4), 643–654.

Eklund, R. C., Sabiston, C.M. & Kühnen, U. (2023). The self in sport and exercise. In J. Schüler, M. Wegner, H. Plessner & R.C. Eklund (Eds.), *Sport and exercise psychology* (S. 459–483). Cham, CH: Springer.

Eschenbeck, H. & Knauf, R.-K. (2018). Entwicklungsaufgaben und ihre Bewältigung. In A. Lohaus (Hrsg.), *Entwicklungspsychologie des Jugendalters* (S. 23–50). Berlin, Heidelberg: Springer.

Esnaola, I., Sesé, A., Antonio-Agirre, I. & Azpiazu, L. (2020). The development of multiple self-concept dimensions during adolescence. *Journal of Research on Adolescence, 30*(Suppl 1), 100–114.

Freund, A. (1995). *Die Selbstdefinition alter Menschen – Inhalt, Struktur und Funktion*. Berlin: Max-Planck-Institut für Bildungsforschung.

Gerlach, E. & Brettschneider, W.D. (2013). *Aufwachsen mit Sport. Befunde einer 10-jährigen Längsschnittstudie zwischen Kindheit und Adoleszenz*. Aachen: Meyer & Meyer.

Greenwald, A.G. & Farnham, S.D. (2000). Using the Implicit Association Test to measure self-esteem and self-concept. *Journal of Personality and Social Psychology, 79*(6), 1022–1038.

Hagemann, D., Spinath, F.M. & Mueller, E.M. (2023). *Differentielle Psychologie und Persönlichkeitsforschung* (9. Aufl.). Stuttgart: Kohlhammer.

Hannover, B. (1997). *Das dynamische Selbst. Die Kontextabhängigkeit selbstbezogenen Wissens*. Göttingen: Huber.

Hannover, B. & Greve, W. (2018). Selbst und Persönlichkeit. In W. Schneider & U. Lindenberger (Hrsg.), *Entwicklungspsychologie* (S. 559–577). Weinheim, Basel: Beltz.

Harter, S. (1985/2012). *Self-Perception Profile for Children*. Denver, CO: University of Denver.

Harter, S. (2012). *The Construction of the Self: Developmental and Sociocultural Foundations* (2nd Ed.). New York, NY: Guilford Press.

Harter, S. & Pike, R. (1984). The pictorial scale of Perceived Competence and Social Acceptance for Young Children. *Child Development, 55*(6), 1969–1982.

Havighurst, R.J. (1965/1948). *Developmental Tasks and Education* (2nd Ed.). New York, NY: MacKay.

Heim, R. (2002). *Jugendliche Sozialisation und Selbstkonzeptentwicklung im Hochleistungssport: Eine empirische Studie aus pädagogischer Perspektive*. Aachen: Meyer & Meyer.

James, W. (1890). *The principles of psychology*. New York: Holt.

James, W. (1892). *Psychology. Briefer Course*. New York: Holt.

Keith, L.K. & Bracken, B.A. (1996). Self-concept instrumentation: A historical an evaluative review. In B.A. Bracken (Ed.), *Handbook of self-concept* (S. 91–170). New York, NY: Wiley.

Leach, L.F., Henson, R.K., Odom, L.R. & Cagle, L.S. (2006). A reliability generalization study of the Self-Description Questionnaire. *Educational and Psychological Measurement, 66*(2), 285–304.

Lohaus, A. & Vierhaus, M. (2019). *Entwicklungspsychologie des Kindes- und Jugendalters für Bachelor*. Berlin, Heidelberg: Springer.

Markus, H. (1977). Self-schemata and processing information about the self. *Journal of Personality and Social Psychology, 35*(2), 63–78.

Marsh, H.W. (1985). Age and sex effects in multiple dimensions of preadolescent self-concept: A replication and extension. *Australian Journal of Psychology, 37*(2), 197–204.
Marsh, H.W. (1987). The Hierarchical Structure of Self-Concept and the Application of Hierarchical Confirmatory Factor Analysis. *Journal of Educational Measurement, 24*(1), 17–39.
Marsh, H.W. (1988). *Self-Description-Questionnaire (SDQ) I.* San Antonio, TX: The Psychological Corporation.
Marsh, H.W. (1989). Age and sex effects in multiple dimensions of self-concept: Preadolescence to early adulthood. *Journal of Educational Psychology, 81*(3), 417–430.
Marsh, H.W. (1990a). A multidimensional, hierarchical model of self-concept: Theoretical and empirical justification. *Educational Psychology Review, 2*(2), 77–172.
Marsh, H.W. (1990b). *Self-Description-Questionnaire (SDQ) II.* San Antonio, TX: The Psychological Corporation.
Marsh, H.W. (1990c). The structure of academic self-concept: The Marsh/Shavelson model. *Journal of Educational Psychology, 82*(4), 623–636.
Marsh, H.W. (1992). *Self-Description-Questionnaire (SDQ) III.* Macarthur: University of Western Sydney.
Marsh, H.W. & Hattie, J. (1996). Theoretical perspectives on the structure of self-concept. In B.A. Bracken (Ed.), *Handbook of Self-Concept* (S. 38–90). New York, NY: Wiley.
Marsh, H.W., Relich, J.D. & Smith, I.D. (1983). Self-concept: The construct validity of interpretations based upon the SDQ. *Journal of Personality and Social Psychology, 45*(1), 173–187.
Marsh, H.W., Parker, J. & Barnes, J. (1985). Multidimensional adolescent self-concepts: Their relationship to age, sex, and academic measures. *American Educational Research Journal, 22*(3), 422–444.
Marsh, H.W., Richards, G.E., Johnson, S., Roche, L. & Tremayne, P. (1994). Physical Self-Description Questionnaire: Psychometric properties and a multitrait-multimethod analysis of relations to existing instruments. *Journal of Sport and Exercise Psychology, 16*(3), 270–305.
Marsh, H.W., Craven, R. & Debus, R. (1998). Structure, stability, and development of young children's self-concepts: A multicohort-multioccasion study. *Child Development, 69*(4), 1030–1053.
Marsh, H.W., Ellis, L. & Craven, R. (2002). How do preschool children feel about themselves? Unraveling measurement and multidimensional self-concept structure. *Developmental Psychology, 38*, 376–393.
Marsh, H.W., Ellis, L., Parada, R., Richards, G. & Heubeck, B. (2005). A short version of the Self Description Questionnaire II: Operationalizing criteria for short-form evaluation with new applications of confirmatory factor analyses. *Psychological Assessment, 17*, 81–102.
Mead, G.H. (1962/1934). *Mind, self, and society.* Chicago, IL.: University of Chicago Press.
Möller, J. & Trautwein, U. (2020). Selbstkonzept. In E. Wild & J. Möller (Hrsg.), *Pädagogische Psychologie* (3. Aufl., S. 187–209). Berlin, Heidelberg: Springer.
Morf, C.C. & Koole, S.L. (2014). Das Selbst. In K. Jonas, W. Stroebe & M. Hewstone (Hrsg.), *Sozialpsychologie* (S. 141–195). Berlin, Heidelberg: Springer.
Mummendey, H.D. (1981). Methoden und Probleme der Kontrolle sozialer Erwünschtheit. *Zeitschrift für Differentielle und Diagnostische Psychologie, 2*(3), 199–218.

Literatur

Neuber, N. (2007). *Entwicklungsförderung im Jugendalter – Theoretische Grundlagen und empirische Befunde aus sportpädagogischer Perspektive*. Schorndorf: Hofmann.

Orth, U., Dapp, L.C., Erol, R.Y., Krauss, S. & Luciano, E.C. (2021). Development of domain-specific self-evaluations: A meta-analysis of longitudinal studies. *Journal of Personality and Social Psychology, 120*(1), 145–172.

Rost, D.H. & Sparfeldt, J.R. (2002). Facetten des schulischen Selbstkonzepts. Ein Verfahren zur Messung des differentiellen Selbstkonzepts schulischer Leistungen und Fähigkeiten. *Diagnostica, 48*(3), 130–140.

Schöne, C., Dickhäuser, O., Spinath, B. & Stiensmeier-Pelster, J. (2002). *Skalen zur Erfassung des schulischen Selbstkonzepts (SESSKO)*. Göttingen: Hogrefe.

Schrader, W.H. & Schönpflug, U. (2017). Selbst. In J. Ritter, K. Gründer & G. Gabriel (Hrsg.), *Historisches Wörterbuch der Philosophie online*. Basel: Schwabe.

Schwanzer, A.D., Trautwein, U., Lüdtke, O. & Sydow, H. (2005). Entwicklung eines Instruments zur Erfassung des Selbstkonzepts junger Erwachsener. *Diagnostica, 51*(4), 183–194.

Seyda, M. (2011). *Persönlichkeitsentwicklung durch Bewegung, Spiel und Sport: die Bedeutung des Schulsports für die Selbstkonzeptentwicklung im Grundschulalter*. Aachen: Meyer & Meyer.

Shavelson, R.J., Hubner, J.J. & Stanton, G.C. (1976). Self-concept: Validation of construct interpretations. *Review of Educational Research, 46*(3), 407–441.

Staudinger, U.M. & Greve, W. (1997). Das Selbst im Lebenslauf: Brückenschläge und Perspektivenwechsel zwischen entwicklungs- und sozialpsychologischen Zugängen. *Zeitschrift für Sozialpsychologie, 28*(1/2), 3–18.

Stiller, J. & Alfermann, D. (2007). Die deutsche Übersetzung des Physical Self-Description Questionnaire (PSDQ). *Zeitschrift für Sportpsychologie, 14*(4), 149–161.

Wolff, F., Helm, F., Junge, F. & Möller, J. (2020). Are dimensional comparisons performed unconsciously? An investigation of the internal/external frame of reference model using implicit self-concepts. *Journal of Educational Psychology, 112*(2), 397–415.

Zimmerman, M.A., Copeland, L.A., Shope, J.T. & Dielman, T.E. (1997). A Longitudinal Study of Self-Esteem: Implications for Adolescent Development. *Journal of Youth and Adolescence, 26*(2), 117–141.

Das körperliche Selbstkonzept 3

> **Zusammenfassung**
>
> Dieses Kapitel behandelt die Facetten, die sich auf die körperlichen Aspekte der eigenen Person beziehen. Zunächst geht es um das zweidimensionale Modell des Körperselbstbilds, seinen hierarchischen Aufbau und Zusammenhänge mit dem Selbstwert. Der zweite Abschnitt nimmt weiter differenzierte Strukturmodelle in den Blick. Im Anschluss werden Zusammenhänge zwischen dem körperlich-sportlichen Fähigkeitskonzept mit motorischen Leistungen erläutert, um zum Abschluss der Frage nachzugehen, inwieweit (Sport-)Lehrkräfte in der Lage sind, die körperlichen Selbstwahrnehmungen ihrer Schülerinnen und Schüler zutreffend einzuschätzen.

3.1 Struktur des körperlichen Selbstkonzepts

Bereits für William James zählten Wahrnehmung und Wissen über den eigenen Körper zu den fundamentalen Bereichen des „me" (1892), also, in moderner Terminologie, des Selbstkonzepts (Abschn. 2.1). Der eigene Körper galt ihm als innerster Teil des sogenannten materiellen Selbst (James 1892, S. 177) und bildete das Fundament in seiner hierarchischen Vorstellung vom (empirischen) Selbst als betrachtetem Objekt (1892, S. 190).

Auch in der modernen pädagogisch-psychologischen Selbstkonzeptforschung berücksichtigen die theoretischen Modellvorstellungen Aspekte des Körperlichen und gehen von einem eigenständigen, vom schulischen, sozialen und emotionalen Selbstkonzept unterscheidbaren Bereich aus, der als physisches oder körperliches

Selbstkonzept bezeichnet wird. So nahmen z. B. Shavelson et al. (1976) an, dass das körperliche Selbstkonzept aus den *beiden bereichsspezifischen Selbstbildern* der körperlich-sportlichen Fähigkeiten und des Aussehens bzw. der Attraktivität hervorgeht. Diese Annahme konnte etwa im Zusammenhang mit den Fragebogen-Inventaren des von Herbert Marsh entwickelten Self-Description Questionnaire (SDQ; Marsh 1988, 1990, 1992) insoweit für verschiedene Altersgruppen empirisch bestätigt werden, als es sich um zwei getrennte Selbstkonzeptfacetten handelt (Abschn. 2.2.1).

Diese Modellvorstellung von *zwei getrennten Facetten* des körperlichen Selbstkonzepts überzeugt aus theoretischer Perspektive, weil sie gut mit einigen *Entwicklungsaufgaben* des Kindes- und Jugendalters korrespondieren (Havighurst 1965/1948). Denn im mittleren Kindesalter sind die ca. 6- bis 12-Jährigen u. a. mit der Herausforderung konfrontiert, die körperliche Geschicklichkeit für Spiele mit Gleichaltrigen sowie eine „gesunde" Einstellung zu sich selbst als wachsendem Organismus zu erwerben, während sich im Jugendalter etwa die Aufgabe stellt, den (im Zuge der Pubertät) veränderten Körper zu akzeptieren und ihn „effektiv" zu nutzen (Eschenbeck und Knauf 2018, S. 26). Aber auch im weiteren Verlauf der Lebensspanne bis hin zum höheren Alter stellen sich Entwicklungsaufgaben, die eng mit körperlichen Aspekten verbunden sind.

Allerdings scheint es bis heute fraglich, ob die bereichsspezifischen Selbstkonzepte des Aussehens und der körperlich-sportlichen Fähigkeiten im Sinne der postulierten hierarchischen Struktur so etwas wie ein *globales Körperkonzept* bilden, Denn unter *Grundschulkindern* hängen die Selbstkonzepte der körperlichen Fähigkeiten und des Aussehens offenbar nur lose zusammen (die Korrelationen liegen von der 1. bis zur 4. Klasse zwischen r = 0,17 und r = 0,29), während die Zusammenhänge mit dem Selbstbild der sozialen Beziehungen zu Gleichaltrigen enger ausfallen (von r = 0,29 bis r = 0,43; Marsh et al. 1984a). In einer deutschen Stichprobe an Viertklässlern fanden Arens et al. (2011) gleichfalls eine eher schwache Assoziation der beiden körperlichen Selbstbilder von r = 0,29; demgegenüber zeigte sich ein stärkerer Zusammenhang zwischen den Selbsteinschätzungen der sozialen Beziehungen zu Peers und der Selbstwahrnehmung des Aussehens von r = 0,66 sowie von r = 0,42 zum sportlichen Fähigkeitsselbstbild. Eine weitere Studie an Kindern der 3. bis 6. Schulklasse ermittelte ebenfalls engere Korrelationen der körperlichen Facetten und dem sozialen Selbstkonzept der Peerbeziehungen (Aussehen: r = 0,66; körperliche Fähigkeiten: r = 0,42) als innerhalb des körperlichen Selbstkonzepts (r = 0,36; Arens 2011, S. 81).

Dieses Muster bestätigt sich – bei generell sinkenden Assoziationen – auch für das mittlere *Jugendalter*, in dem die Korrelationen zwischen den beiden körperlichen Facetten r = 0,14 erreichen, während die Zusammenhänge zwischen dem

3.1 Struktur des körperlichen Selbstkonzepts

Selbstbild des Aussehens und dem der sozialen Beziehungen zu Peers des anderen Geschlechts stärker ausfallen (r = 0,33; Marsh et al. 1985). Und schließlich zeigte die Studie von Marsh (1987) an älteren Jugendlichen entsprechend klar getrennte Faktoren des Aussehens und der körperlich-sportlichen Fähigkeiten, die moderat miteinander assoziiert sind (r = 0,43), aber gleichzeitig eng mit dem Selbstkonzept der sozialen Beziehungen zu Peers des gleichen Geschlechts (körperlich-sportliches Fähigkeitsselbstbild: r = 0,62) bzw. des anderen Geschlechts (Selbstbild des Aussehens: r = 0,42) korrelieren. Insgesamt gesehen findet sich kaum empirische Unterstützung für die Annahme eines *globalen körperlichen Selbstkonzepts*. Allerdings weisen die Befunde darauf hin, dass Heranwachsende mit einem positiven Selbstkonzept des Aussehens mit hoher Wahrscheinlichkeit auch die Beziehungen zu Gleichaltrigen günstiger einschätzen – wer das eigene Aussehen aber eher negativ wahrnimmt, fühlt sich unter den Peers eher weniger akzeptiert.

Vor dem Hintergrund der, wenn auch weniger starken, Hierarchie des mehrdimensionalen Selbstkonzepts sind die Zusammenhänge der körperlichen Facetten mit dem generellen Selbstkonzept bzw. dem *Selbstwert* von Interesse. Eine besonders enge Assoziation zwischen dem Selbstbild des Aussehens einerseits und dem Selbstwert andererseits wird insbesondere für Heranwachsende von Harter (2000) betont, wenn sie von einem unauflöslichen oder untrennbaren Zusammenhang ausgeht. Auf Grundlage ihrer eigenen Forschungen sieht sie eine deutliche Trennung dieser Selbstkonzeptfacette gegenüber dem körperlich-sportlichen Fähigkeitsselbstbild, dessen Zusammenhänge mit dem Selbstwert im Mittel bei r = 0,33 liegen (Harter 2012). Demgegenüber sei das Selbstkonzept des Aussehens deutlich enger mit dem Selbstwert verknüpft: Sie berichtet von einer robusten durchschnittlichen Korrelation von r = 0,65 über verschiedene Samples von US-amerikanischen Kindern, Jugendlichen und Studierenden hinweg sowie über ähnliche Größenordnungen in zahlreichen Untersuchungen jenseits der USA (Harter 2012). Diesen ausgesprochen engen Zusammenhang konnten auch Arens und Morin (2017) in einer jüngeren Studie beobachten, in der die deutsche Version des Self-Perception Profile (Asendorpf und Aken 1993) verwendet wurde.

Exkurs: Den Körper bewohnen lernen
Mit dieser anschaulichen Formulierung bringt der Erziehungswissenschaftler Helmut Fend (2005, S. 222 ff.) eine wesentliche *Entwicklungsaufgabe* des Jugendalters auf den Punkt. Die menschliche Fähigkeit zur Beobachtung und Bewertung der eigenen Person entfaltet angesichts der Ver-

änderungen im Zuge der Pubertät erstmals in der Lebensspanne herausragende Bedeutung. Jungen wie Mädchen beobachten die Veränderungen des eigenen Körpers besonders genau und fragen sich in vielfacher Hinsicht:

„• Was ändert sich bei mir? Wie weit bin ich entwickelt?
• Wie sehe ich aus? Was ist an mir gut, was ist weniger gut? Was sagen andere?
• Was kann ich tun, um mein Aussehen zu verbessern?
• Wie wichtig ist denn das Aussehen? Welche Konsequenzen wird es für mein Leben haben?" (Fend 2005, S. 231)

Welche Aspekte der körperlichen Entwicklung dabei in den Fokus rücken, variiert mit dem Alter und reicht von Längenwachstum, Größe und Form verschiedener Körperteile (z. B. der Nase) über die sekundären Geschlechtsmerkmale bis hin zu Pickeln und den Körperproportionen. Hautunreinheiten und die Figur bilden dabei die bedeutsamsten Quellen für Sorgen und Nöte der Heranwachsenden, wenngleich die allermeisten in der Regel zu einer positiven Haltung gegenüber den körperlichen Veränderungen gelangen (Fend 2005, S. 236). Weil das Selbstbild des Aussehens ausgeprägt enge Zusammenhänge zum *Selbstwertgefühl* der Heranwachsenden aufweist, ist die Aufgabe, „den eigenen Körper bewohnen zu lernen, von strategischer und prototypischer Bedeutung für die Identitätsfindung im Jugendalter" (Fend 2005, S. 242).

Im Rahmen von Studien mithilfe des Self-Description Questionnaire (SDQ) liegen gleichfalls übereinstimmend Befunde vor, die dieses Assoziationsmuster empirisch stützen. In einer Untersuchung an deutschen *Kindern* der 3. bis 6. Schulklasse ermittelten Arens et al. (2011) im Hinblick auf das Aussehen eine Korrelation von $r = 0{,}75$, während der Zusammenhang mit dem körperlichen Fähigkeitsselbstbild $r = 0{,}40$ betrug. Statistisch komplexere Analysen zeigten dabei in diesem Lebensabschnitt keinen bemerkenswerten Einfluss des Alters oder des Geschlechts: Die Assoziationen liegen zwischen $r = 0{,}34$ und $r = 0{,}55$ für das sportliche Fähigkeitsselbstbild und rangieren überwiegend klar über $r = 0{,}60$ für das Aussehen (Arens und Hasselhorn 2014).

Bestätigt werden diese Muster auch in einer Studie von Seyda (2011): Sie beobachtete Korrelationen zwischen generellem und Fähigkeitsselbstkonzept von $r = 0{,}35$ (3. Klasse) bzw. $r = 0{,}42$ (4. Klasse) und Zusammenhänge von $r = 0{,}53$

3.1 Struktur des körperlichen Selbstkonzepts

bzw. r = 0,60 mit dem Selbstbild des Aussehens, die sich unter den Geschlechtern kaum unterschieden (S. 260). Allerdings zeigen längsschnittliche Regressionsanalysen, dass die Selbstwerteinschätzungen der Jungen am Ende der Grundschulzeit stärker durch das sportliche Fähigkeitsselbstbild bestimmt wurden, während das Selbstkonzept des Aussehens für die Mädchen maßgeblicher war (Seyda 2011, S. 275 ff.).

Für das *mittlere Jugendalter* sind deutlich weniger empirische Studien verfügbar, aber auch für diesen Abschnitt der Lebensspanne zeigt sich dieses grundsätzliche Muster. Zum Beispiel beobachteten Marsh et al. (1985), dass der *Selbstwert* im mittleren Jugendalter mit *dem Aussehen* etwas enger zusammenhängt (r = 0,30) als mit dem Fähigkeitsselbstbild (r = 0,23). Eine weitere deutsche Studie ermittelte gar eine Korrelation von r = 0,74 zwischen dem Aussehen und dem Selbstwert unter 10- bis 19-Jährigen (Baudson et al. 2016). Eine jüngere Untersuchung an spanischen Sekundarschülerinnen und -schülern wiederum fand engere Zusammenhänge des Selbstwerts mit dem Selbstkonzept des Aussehens (r = 0,48) als mit den sportlichen Fähigkeitsselbsteinschätzungen (r = 0,32; Esnaola et al. 2020).

Auch für das späte Jugendalter kommen internationale Studien zu stärkeren Assoziationen zwischen Selbstwert und dem wahrgenommenen Aussehen, deren Größenordnungen von r = 0,48 (Marsh 1986) bis r = 0,61 (Marsh 1987) reichten, während die Korrelationen mit dem sportlichen Fähigkeitsselbstbild geringer ausfielen (r = 0,25; Marsh 1986; r = 0,46; Marsh 1987). Und schließlich kann dies auch für Deutschland bestätigt werden, da sich unter 17- bis 19-Jährigen ein schwacher Zusammenhang mit dem sportlichen Fähigkeitsselbstbild (r = 0,28) und stärkere Assoziationen mit dem Selbstbild des Aussehens (r = 0,57; Marsh et al. 2006a) zeigten.

Der Eindruck, die Zusammenhänge zwischen dem Selbstbild des Aussehens und dem wahrgenommenen Selbstwert veränderten sich im *Prozess des Aufwachsens* nur geringfügig, wird durch eine Analyse mithilfe komplexer statistischer Verfahren bestätigt. Denn Morin et al. (2011) konnten zeigen, dass der Selbstwert wie auch das Selbstkonzept des Aussehens – trotz der Herausforderungen im Zuge der puberalen Entwicklungen – im Jugendalter bei einer leicht positiven Tendenz eine hohe Stabilität aufweisen und auch ihre Zusammenhänge keine großen Veränderungen erfahren. Insgesamt gesehen bestätigt sich also folgendes Muster: Attestieren sich Heranwachsende selbst ein *günstiges Aussehen*, so verfügen sie mit großer Wahrscheinlichkeit auch über einen positiv getönten *globalen Selbstwert*; wer aber unzufrieden mit seinem Aussehen ist, dürfte sich einen ungünstigeren Selbstwert zuschreiben.

Die Zusammenhänge zwischen dem Selbstwert und körperlichen Aspekten des Selbstkonzepts dürften sich im weiteren Verlauf der *Lebensspanne* ändern, weil sich einerseits die Entwicklungsdynamik sowohl im Hinblick auf das Aussehen als auch auf die körperlich-sportlichen Fähigkeiten gegenüber dem Kindes- und Jugendalter deutlich verringert. Zwar ändern sich unsere äußere Erscheinung und körperlich-sportlichen Fähigkeiten auch jenseits der Adoleszenz, aber dies vollzieht sich jahrelang deutlich langsamer als in früheren Lebensphasen. Daher erfahren die Wandlungsprozesse in der Regel – und jenseits von kritischen Lebensereignissen, wie gravierenden Erkrankungen oder Verletzungen – weitaus geringere Selbstaufmerksamkeit.

Andererseits geraten nach dem Jugendalter zugleich wohl andere Erfahrungsbereiche der Lebenswelt stärker in den Fokus der Wahrnehmung der eigenen Person, sodass die Bedeutung der körperlichen Selbstkonzeptfacetten erst in höheren Lebensaltern wieder in den Aufmerksamkeitshorizont der meisten Menschen rückt. So berichtet Freund (1995), dass *Erwachsene* bis etwa zur siebten Lebensdekade dazu neigen, sich zunehmend weniger über körperliche Einschätzungen zu beschreiben (S. 85 f.). Im hohen Erwachsenenalter greifen dann allerdings mehr als 40 % der Menschen auf Merkmale ihrer körperlichen Fähigkeiten (im Zusammenhang mit ihrer Gesundheit) und weniger als 10 % auf ihr Aussehen zurück, wenn sie um eine Selbstdefinition der eigenen Person gebeten werden (Freund 1995, S. 183). Eine bemerkenswert hohe (normative) Stabilität (Abschn. 2.2.2) des Selbstbilds des eigenen Aussehens bestätigt zudem eine jüngere Studie, die anhand von mehr als 15.000 befragten Neuseeländern beiderlei Geschlechts im Alter zwischen 19 und 74 Jahren selbst über 30 Lebensjahre eine enge Korrelation von $r = 0{,}58$ beobachtete (Hockey et al. 2021). Demnach zeigt sich bei Frauen und Männern ab etwa dem 30. bis 35. Lebensjahr sogar eine schwache Tendenz, mit dem eigenen Aussehen zufriedener zu werden, wobei die Männer zu einem positiveren Selbstbild neigen als die Frauen (Hockey et al. 2021).

Abschließend soll der Blick etwas genauer auf die *Stabilität des körperlichen Selbstkonzepts* gerichtet werden (vgl. auch Abschn. 2.2.2), wobei lediglich Befunde aus echten Längsschnittstudien herangezogen werden. Für das Grundschulalter berichtet Ahnert (2005, S. 220) über eine einjährige Positionsstabilität des globalen körperlich-sportlichen Fähigkeitskonzepts von Jungen in Höhe von $r = 0{,}39$ zwischen dem 8. und 9. Lebensjahr sowie von $r = 0{,}52$ im Zeitraum vom 9. bis zum 10. Lebensjahr, während die Stabilität bei den Mädchen $r = 0{,}40$ und $r = 0{,}49$ betrug. Gerlach (2006) beobachtete in einer ostwestfälischen Stichprobe eine Einjahresstabilität nach der 3. Grundschulklasse in Höhe von $r = 0{,}57$ und zwischen der 4. und 6. Klasse von $r = 0{,}64$.

3.1 Struktur des körperlichen Selbstkonzepts

Zu ähnlichen Ergebnissen in der Größenordnung von r = 0,40 unter Mädchen und r = 0,66 unter den Jungen in der Zeitspanne zwischen einerseits dem 8. und 10. und andererseits dem 12. Lebensjahr kam eine – ebenfalls auf Daten aus der sogenannten LOGIK-Studie (Ahnert 2005) beruhende – Untersuchung von Asendorpf und Teubel (2009). Auch Gerlach et al. (2007) fanden in dem regionalen Längsschnitt (vgl. Gerlach 2006) eine Stabilität von r = 0,41 zwischen der 3. und 6. Schulklasse. Geschlechterunterschiede beobachtete Seyda (2011, S. 244) in ihrer nordrhein-westfälischen Stichprobe an Schülerinnen und Schülern von der 1. bis zur 4. Klasse im Hinblick auf globale körperlich-motorische Fähigkeitseinschätzungen, die allerdings gegen Ende der Grundschulzeit deutlich abnahmen. Betrug die Zweijahresstabilität von der 1. zur 3. Klasse bei den Mädchen noch r = 0,17 (gegenüber r = 0,37 bei den Jungen), war der Zusammenhang danach mit r = 0,48 nahezu genauso hoch wie bei den Jungen (r = 0,52). Demgegenüber wies das *Selbstkonzept des Aussehens*, hier lediglich im Zeitraum von der 3. bis zur 4. Klasse gemessen, unter den Mädchen eine höhere normative Stabilität auf (r = 0,48) als unter den Jungen (r = 0,26; Seyda 2011, S. 244). Insgesamt weisen die Befunde darauf hin, dass sich die Facetten des körperlichen Selbstkonzepts im Verlauf des Grundschulalters noch substanziell verändern und sich erst *gegen Ende eine eher moderate Stabilität* einstellt.

Wer zum Ende der Grundschulzeit über ein vergleichsweise hohes körperlich-sportliches Fähigkeitsselbstbild berichtet hat, attestiert sich mit recht hoher Wahrscheinlichkeit auch bis zu Beginn der Adoleszenz ein entsprechend hohes Selbstkonzept. Dies gilt für die Mädchen auch im Hinblick auf ihr Selbstbild des Aussehens, während sich unter Jungen noch eher fluide Entwicklungen andeuten.

Im Hinblick auf die *Mittelwertstabilität* weisen in deutschen längsschnittlichen Stichproben gewonnene Befunde darauf hin, dass im Verlauf von Grundschulzeit und Jugendalter nur wenige substanzielle Veränderungen im global körperlich-motorischen Fähigkeitsselbstkonzept auftreten (Abb. 3.1). So zeigen sowohl die Ergebnisse von Seyda (2011, S. 232) als auch von Ahnert (2005, S. 217) oder Asendorpf und Teubel (2009) lediglich in den ersten vier Schuljahren einen leicht negativen Trend. Während des Wechsels auf die weiterführende Schule sowie der Sekundarschulzeit finden sich nach Befunden von Gerlach und Brettschneider (2013, S. 88 f.) dann keine bemerkenswerten Veränderungen im allgemeinen sportlichen Fähigkeitsselbstbild.

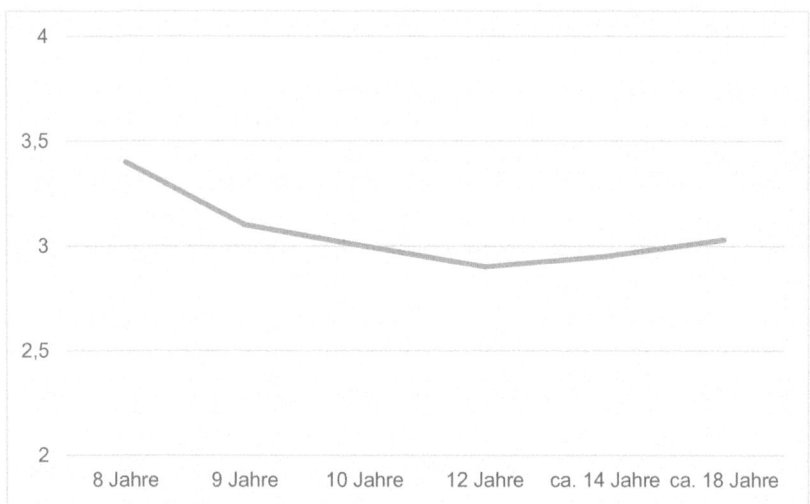

Abb. 3.1 Schematischer Verlauf der globalen motorisch-sportlichen Fähigkeitsselbsteinschätzungen. (Eigene Darstellung nach kompilierten Daten von Ahnert 2005, S. 217, sowie Gerlach und Brettschneider 2013, S. 89)

3.2 Mehrdimensionale Modelle des körperlichen Selbstkonzepts

Neben dem zweidimensionalen Modell der körperlichen Facetten des Selbstkonzepts wurden in der Forschung auch weitere Strukturvorstellungen vorgeschlagen und entsprechende Untersuchungsinstrumente entwickelt. Auch im Hinblick auf das körperliche Selbstkonzept ist die Forschung dadurch gekennzeichnet, dass die Entwicklung durch wechselseitige Bezüge zwischen einerseits theoretischen Überlegungen und andererseits empirischen Studien und ihren Ergebnissen vorangetrieben wurde.

Bereits Ende der 1980er-Jahre stellten Fox und Corbin (1989) ihr Physical Self-Perception Profile (PSPP) vor, das an die grundsätzlichen Überlegungen von Shavelson et al. (1976) anschloss. Dieser Fragebogen geht theoretisch davon aus, dass das körperliche Selbstkonzept die *vier bereichsspezifischen Facetten* der sportlichen Kompetenz (sports competence), der körperlichen Attraktivität (attractive body), der körperlichen Kraft (physical strength) sowie der Kondition und Fitness (physical condition) umfasst, die auf einer übergeordneten Ebene zu einem körperlichen Selbstwert (physical self-worth) gebündelt werden (Abb. 3.2), der wiederum mit dem globalen Selbstwert in Verbindung steht.

3.2 Mehrdimensionale Modelle des körperlichen Selbstkonzepts

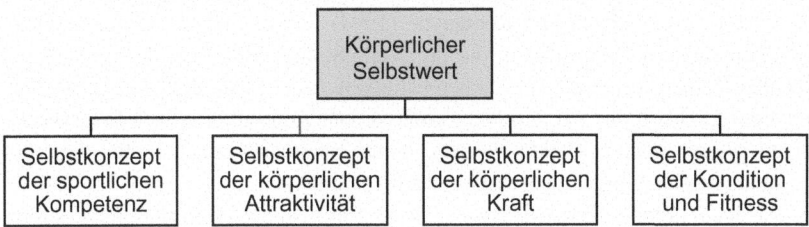

Abb. 3.2 PSPP-Modell des körperlichen Selbstkonzepts. (Modifiziert nach Fox und Corbin 1989, S. 414)

Diese Struktur basierte zum einen auf der Überlegung, aus welchen *alltäglichen Situationen* Einschätzungen im Hinblick auf die körperlichen Aspekte der eigenen Person erwachsen können. Zum anderen war die Frage leitend, welche möglichen inhaltlichen Dimensionen einen Zusammenhang mit der Wahl und Aufrechterhaltung sportlicher Aktivitäten aufweisen (könnten).

In einem mehrschrittigen Verfahren identifizierten Fox und Corbin empirisch zunächst relevante Inhaltsdimensionen und entwickelten dann einen entsprechenden Itempool, der faktorenanalytisch geprüft und sukzessive optimiert wurde. So konnte schließlich ein Fragebogen entwickelt werden, der das vierstufige Antwortformat nach Harter (1985/2012; Abschn. 2.2.3) verwendet und je sechs Items für jede Skala umfasst. Der PSPP weist recht ordentliche *psychometrische Gütekriterien* auf und bietet sinnvoll interpretierbare Assoziationen mit der Präferenz für verschiedene Sportarten bzw. Bewegungspraxen.

Allerdings wurde – neben den vergleichsweise engen Korrelationen zwischen den Faktoren – vor allem das spezifische Antwortformat kritisiert (Marsh et al. 1994), das auch in deutschen Studien zu Problemen führte (Stiller und Alfermann 2007), sodass Lindwall et al. (2011) eine überarbeitete Version vorgelegt haben, die auf ein *klassisches Likert-Format* in der Beantwortung zurückgreift und deren Validität an britischen, schwedischen und türkischen Stichproben erfolgreich geprüft wurde. Zudem bietet dieses Instrument zu jeder der adressierten Facetten eine Skala mit sechs Items zur Einschätzung ihrer jeweiligen subjektiven Wichtigkeit. Da im Zusammenhang mit dem PSPP jenseits des Körperlichen keine bereichsspezifischen Selbstkonzeptfacetten in empirischen Studien einbezogen wurden, liefert die Forschung aber bisher keine Hinweise darauf, inwieweit engere Zusammenhänge mit dem sozialen Selbstkonzept die Annahme eines globalen körperlichen Selbstkonzepts (Abschn. 3.1) im Rahmen des PSPP-Modells infrage stellen.

Der Grundgedanke, das *körperliche Selbstkonzept* sei über die Differenzierung von körperlich-sportlichem Fähigkeitsselbstbild und Selbstkonzept des Aussehens hinaus *mehrdimensional strukturiert*, konnte in weiteren Studien erhärtet werden.

So identifizierten Marsh und Redmayne (1994) mithilfe von konfirmatorischen Faktorenanalysen eine Struktur, die die sechs Selbstbildfacetten des Aussehens, der allgemeinen körperlich-sportlichen Fähigkeiten, der Kraft, des Gleichgewichts, der Beweglichkeit und der Ausdauer umfasst. Der zugrunde liegende Fragebogen ist allerdings nicht publiziert worden, diente aber als Grundlage für die Entwicklung des nachfolgend beschriebenen Inventars.

Das wohl *detaillierteste Instrument* ist der Physical Self-Description Questionnaire (PSDQ), der Mitte der 1990er-Jahre von Marsh et al. (1994) vorgestellt wurde und ab etwa dem 12. Lebensjahr eingesetzt werden kann. Dieser Fragebogen erstreckt sich auf *neun bereichsspezifische* und *zwei globale Facetten*, die mithilfe von 70 Items auf einem sechsstufigen Antwortformat gemessen werden: Aussehen und Körperfett, Gesundheit, körperliche Aktivität und allgemeine sportliche Kompetenzen, Ausdauer, Kraft, Koordination und Beweglichkeit sowie den körperlichen und globalen Selbstwert (Abb. 3.3).

Welche theoretischen Überlegungen zu dieser postulierten Struktur geführt haben, bleibt allerdings unklar. Soweit sich rekonstruieren lässt, wurde besonderes Augenmerk auf Bezüge zu bekannten Indikatoren der körperlichen Fitness gelegt, sodass die Selbstkonzeptfacetten der Ausdauer, Kraft, Koordination und Beweglichkeit nachvollziehbar auf wesentliche Dimensionen der *sportmotorischen Fähigkeiten* verweisen. Es überrascht aber in diesem Zusammenhang, dass auf eine Facette der Schnelligkeit offenkundig verzichtet wurde.

Während die theoretische Basis des PSDQ also eher fragil scheint, vermögen die Ergebnisse der empirischen Prüfung zu überzeugen. Eine konfirmatorische Faktorenanalyse vermochte die elf postulierten Dimensionen klar für beide Geschlechter zu identifizieren, wobei die Korrelationen im Mittel bei r = 0,53 (männliche Jugendliche) bzw. r = 0,49 (weibliche Jugendliche) lagen. Auch die berichteten Reliabilitäten der einzelnen Skalen, die zum großen Teil über $\alpha = 0{,}90$ liegen, sprechen für gute psychometrische Qualitäten des Instruments (Marsh et al. 1994).

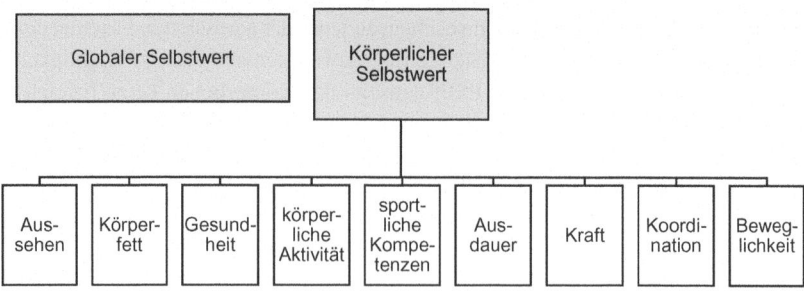

Abb. 3.3 PSDQ-Modell des körperlichen Selbstkonzepts. (Modifiziert nach Marsh et al. 1994)

3.2 Mehrdimensionale Modelle des körperlichen Selbstkonzepts

Diese Einschätzungen bestätigten sich sowohl in weiteren internationalen Validierungsstudien (Marsh et al. 2002; Schipke und Freund 2012) als auch für die deutschsprachige Version des PSDQ von Stiller und Alfermann (2007), die an mehr als 1000 Jugendlichen und jungen Erwachsenen erfolgreich geprüft wurde. Für den PSDQ liegt darüber hinaus eine *Kurzform* vor, die 40 anstatt 70 Items umfasst und gute psychometrische Qualitäten aufweist (Marsh et al. 2010) und auch in einer deutschsprachigen Version (Braun et al. 2018) zur Anwendung empfohlen werden kann.

Exkurs: Sportmotorische Fähigkeiten
Das theoretische Konstrukt der (sport-)motorischen Fähigkeiten bietet eine Erklärung für beobachtbare motorische Leistungen bzw. Fertigkeiten und ihre unterschiedlichen Ausprägungen. Vor allem in der deutschsprachigen Forschung ist bis heute eine Systematik der (sport-)motorischen Fähigkeiten gebräuchlich, die auf Bös (1987) zurückgeht: Sie unterscheidet konditionelle, also energetisch dominierte, Fähigkeiten und koordinative, also informationsorientierte, Fähigkeiten sowie die Beweglichkeit im Sinne eines passiven Systems der Energieübertragung (Abb. 3.4):

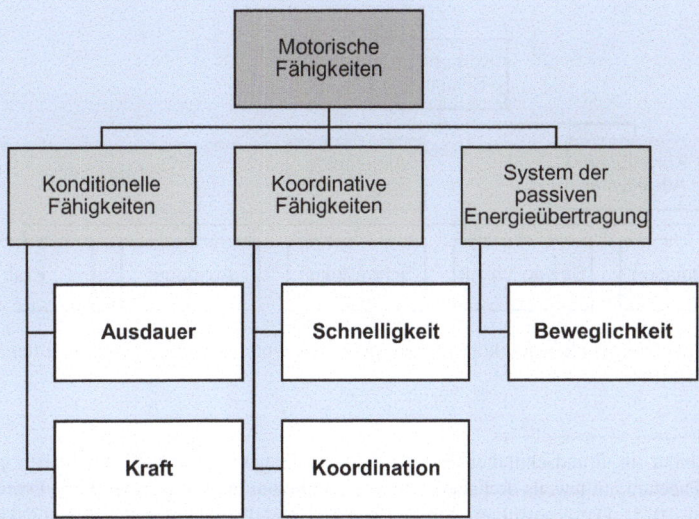

Abb. 3.4 Systematik der (sport-)motorischen Fähigkeiten. (Vereinfacht nach Bös 1987, S. 94)

Aus dem deutschsprachigen Raum stammt ein weiteres Modell des körperlichen Selbstkonzepts, das ebenfalls für die Entwicklung eines entsprechenden Fragebogens herangezogen wurde. Ausgehend von den Überlegungen bei Marsh und Redmayne (1994) orientierten sich Stiller et al. (2004) an den bekannten Dimensionen der *sportmotorischen Fähigkeiten*, die sie „als zentrale Komponenten motorischer Leistungen ansehen" (S. 242) und die in besonderem Zusammenhang mit der allgemeinen Sportlichkeit stehen. Neben diesen Subfacetten berücksichtigt ihr Modell (Abb. 3.5) globale Selbstwahrnehmungen der allgemeinen Sportlichkeit und des Aussehens, weil bedeutsame Korrelationen mit dem allgemeinen Selbstwert angenommen werden.

Die Erfassung der *globalen* und *spezifischen Fähigkeitsfacetten* erfolgt über jeweils sechs Items, die des Selbstbilds des Aussehens über zehn Items, die auf einer vierstufigen Likert-Skala von 1 (trifft nicht zu) bis 4 (trifft zu) beantwortet werden sollen. Die Überprüfung an zumeist Jugendlichen konnte die *dimensionale Struktur* des Modells faktorenanalytisch bestätigen und ergab zufriedenstellende bis gute Werte für die interne Konsistenz (Cronbachs α lag zwischen 0,79 und 0,92) sowie für die Test-Retest-Reliabilität (0,65 bis 0,93) der Skalen. Das PSK-Modell und sein Fragebogen sind demnach gut geeignet, sportlich Aktivere von Unauffälligen zu differenzieren, und können nach Stiller et al. (2004) für Kinder ab etwa acht Jahren sowie Jugendliche und junge Erwachsene eingesetzt werden.[1]

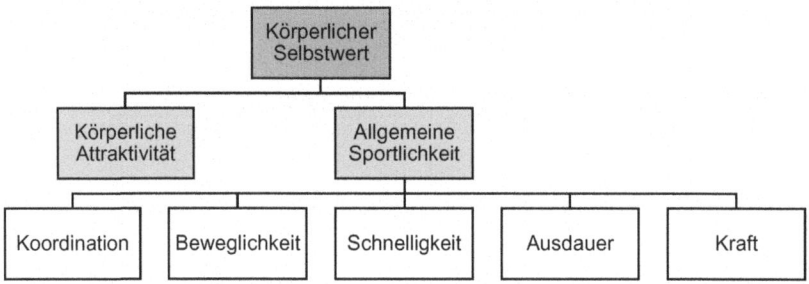

Abb. 3.5 PSK-Modell des körperlichen Selbstkonzepts. (Modifiziert nach Stiller et al. 2004, S. 240)

---

[1] Für Kinder im Grundschulalter liegt ein weiterer Fragebogen vor, der die sieben inhaltlichen Facetten mit jeweils drei altersgerecht formulierten Items erfasst (PSK-K; Dreikämper et al. 2015). Diese postulierte Struktur konnte ebenfalls in konfirmatorischen Faktorenanalysen bestätigt werden, allerdings erreichten die internen Konsistenzen einiger Skalen zur Messung des Fähigkeitskonzepts (z. B. Koordination und Aussehen) keine zufriedenstellenden Werte.

3.2 Mehrdimensionale Modelle des körperlichen Selbstkonzepts

Im Hinblick auf Zusammenhänge der bereichsspezifischen Facetten des PSK mit *globalen Selbsteinschätzungen* zeigte sich ein differenziertes Bild: In der Gruppe der Nichtsportler waren schwach negative Korrelationen zwischen den Fähigkeitseinschätzungen der Kraft (r = −0,23) und Ausdauer (r = −0,28) einerseits und dem globalen Selbstwert andererseits zu beobachten, während das Aussehen nicht signifikant assoziiert war. Demgegenüber hing der globale Selbstwert unter den sportlich Aktiven enger mit dem Selbstkonzept des Aussehens (r = 0,33) zusammen als mit den fähigkeitsorientierten Facetten (r = 0,02 bis r = 0,19).

Dieser Befund soll Anlass sein, die Zusammenhänge einerseits zwischen dem globalen Selbstwert und Fähigkeitsselbstbildern sowie dem Selbstkonzept des Aussehens und andererseits im Rahmen mehrdimensional konzipierter Modelle des körperlichen Selbstkonzepts etwas genauer in den Blick zu nehmen. Das vor dem Hintergrund weniger differenzierter Modelle beobachtete Muster (Abschn. 3.1) einer deutlich markanteren Assoziation mit dem *Selbstbild des Aussehens* gegenüber dem *sportlichen Fähigkeitskonzept* konnte nämlich im Rahmen komplexerer Modelle nicht bestätigt werden. Marsh et al. (1994, S. 288 f.) ermittelten für die Korrelationen des globalen Selbstwerts mit dem Selbstkonzept des Aussehens Größenordnungen zwischen r = 0,51 (PSPP) und r = 0,60 (PSDQ), während die Zusammenhänge mit dem allgemeinen sportlichen Fähigkeitsselbstbild ähnliche – und eben nicht niedrigere – Werte erreichten, die zwischen r = 0,60 (PSDQ) und r = 0,55 (PSPP) rangierten.

Auch Ergebnisse, die bei Anwendung der deutschsprachigen Kurzform (PSDQ-S) ermittelt wurden, bestätigen dieses Korrelationsmuster (Braun et al. 2018). Diese Befunde deuten darauf hin, dass die *Kontextualisierung der körperbezogenen Items* in den jeweiligen Fragebogen Einfluss auf ihre Beantwortung ausübt. Werden Facetten des körperlichen Selbstkonzepts gemeinsam mit den sozialen und schulischen Selbstbildern erhoben, scheint die Bedeutsamkeit des Selbstkonzepts des Aussehens für den globalen Selbstwert höher, als wenn körperlich-sportliche Facetten das thematisch erfragte Umfeld bilden. Diese divergierenden Muster ließen sich möglicherweise mit den Effekten dimensionaler Vergleiche (Abschn. 4.3.3) erklären, wurden aber bisher nicht detailliert erforscht.

Ein weiteres, ebenfalls fähigkeitsorientiertes Modell haben Herrmann und Seelig (2017) vorgeschlagen. Es greift das vor allem im angloamerikanischen Sprachraum verbreitete Konzept sportlicher Fähigkeiten auf, das die *Basiskompetenzen* „sich zu bewegen" (locomotor control) und „etwas zu bewegen" (object control) unterscheidet und vor allem für das Grundschulalter geeignet ist (Herrmann et al. 2016). Entsprechend dieser Basiskompetenzen erstreckt sich das Modell der Selbstwahrnehmung motorischer Kompetenzen (SEMOK) auf die Fähigkeitsselbstbilder des „Sich-Bewegens" und des „Etwas-Bewegens" (Abb. 3.6). Das

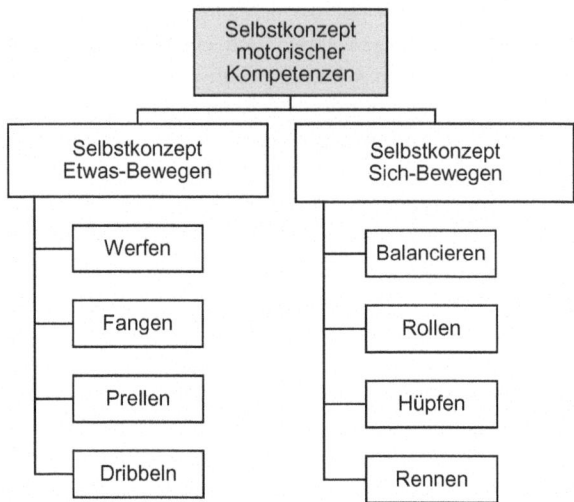

Abb. 3.6 Modell der Selbstwahrnehmung motorischer Kompetenzen (SEMOK). (Modifiziert nach Herrmann und Seelig 2017, S. 328)

zweidimensionale Fragebogeninstrument mit jeweils vier Items und einem vierstufigen Antwortformat erreichte gute psychometrische Kennwerte und war eng mit den korrespondierenden Basiskompetenzen assoziiert (Herrmann und Seelig 2017). Darüber hinaus fielen die Koeffizienten im Hinblick auf das übergeordnete allgemein-sportliche Selbstkonzept moderat aus ($r = 0{,}44$ und $r = 0{,}35$), und die Korrelationen mit der Anstrengungsbereitschaft im Grundschulsportunterricht ($r = 0{,}43$ und $r = 0{,}45$) waren ähnlich hoch wie mit dem Interesse am Freizeitsport ($r = 0{,}45$ und $r = 0{,}33$), während das Interesse am Sportunterricht etwas loser assoziiert war ($r = 0{,}19$).

Ein ähnliches Modell favorisiert die Forschungsgruppe um Barnett, das neben der Selbstwahrnehmung der Objektkontrolle und der Bewegungskontrolle auch grundlegende Spiel- und Bewegungsaktivitäten von Kindern (z. B. Klettern, Radfahren, Schwimmen) berücksichtigt (Barnett et al. 2016). Dieser Ansatz, der vor dem Hintergrund der (kognitiven) Entwicklung im Kindesalter und aus Perspektive der Motorikforschung in Richtung eines Konzepts der „wahrgenommenen motorischen Kompetenz" (perceived motor competence; z. B. Estevan und Barnett 2018) weiterentwickelt wurde, findet zudem seit Kurzem auch in Deutschland Beachtung (Dreiskämper et al. 2022).

3.2 Mehrdimensionale Modelle des körperlichen Selbstkonzepts

Einen deutlich anderen Ansatz zur Konzeptualisierung des körperlichen Selbstkonzepts hat Zastrow (1996) gewählt. Auf der Basis des *Konzepts der eigenen Begabung* von Meyer (1984) stehen in diesem Ansatz Fähigkeitsselbstkonzepte im Mittelpunkt, die wesentliche Sportarten im Rahmen des Sportunterrichts adressieren. Das Modell des sportlichen Begabungskonzepts (SpoBK) erstreckte sich vor dem Hintergrund des nordrhein-westfälischen Lehrplans für das Fach auf spezifische Fähigkeitskonzepte im Hinblick auf die Sportarten Leichtathletik, Schwimmen, Turnen, Gymnastik und Tanz, Fußball, Hockey, Basketball, Handball, Volleyball und Badminton (Zastrow 1996, S. 271 ff.) (Abb. 3.7).

Jede Skala zur Erfassung der zehn einzelnen Facetten enthielt zehn Items, die die sportmotorischen Fähigkeiten der Kraft, Ausdauer und Schnelligkeit sowie technische bzw. taktische Fertigkeiten (nur bei den Spielsportarten) adressierten und in einem vierstufigen Antwortformat (eindeutig unzutreffend bis eindeutig zutreffend) zu beantworten sind. Diese Struktur des Modells konnte in Faktorenanalysen allerdings nicht vollständig bestätigt werden, weil die Items für die Bereiche Turnen und Gymnastik/Tanz nicht getrennt identifiziert werden konnten, also auf einen gemeinsamen Faktor „luden".

Abb. 3.7 SpoBK-Modell des körperlichen Selbstkonzepts. (Modifiziert nach Zastrow 1996, S. 271 ff.)

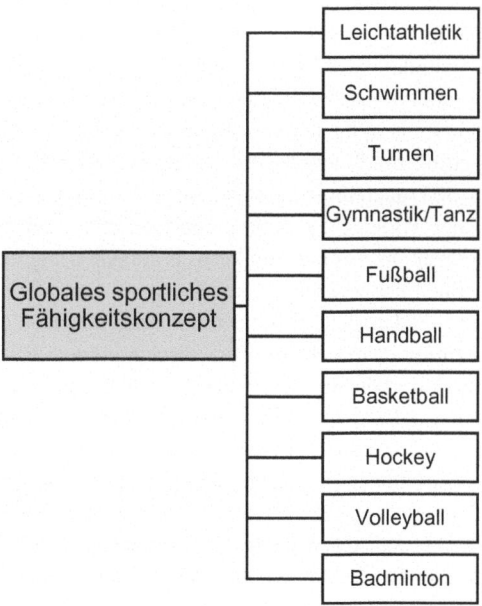

Auch wenn die Fruchtbarkeit des *sportartenorientierten Strukturmodells* empirisch nicht gänzlich gestützt werden konnte, liefert die Studie von Zastrow (1996) interessante Hinweise für die inhaltliche Konzeptualisierung des körperlichen Fähigkeitsselbstkonzepts. Denn es wurde nicht nur die faktorielle Struktur im Hinblick auf die adressierten Sportarten geprüft, sondern auch eine alternative Struktur, die auf übergreifende motorische Fähigkeiten und technische bzw. taktische Fertigkeiten fokussierte. Entsprechende konfirmatorische Faktorenanalysen ergaben substanzielle Hinweise für eine Überlegenheit des sportartenorientierten gegenüber dem übergreifenden Modell. Dieses Ergebnis scheint vor dem Hintergrund jugendlichen Stichprobe nachvollziehbar, „da sportartspezifische Fähigkeitseinschätzungen weniger Abstraktionsvermögen erfordern als sportartübergreifende" (Zastrow 1996, S. 312).

Damit ist die Frage aufgeworfen, inwieweit mehrdimensionale Modelle des körperlichen Selbstkonzepts – auch vor dem Hintergrund der Entwicklung der kognitiven Fähigkeiten im Prozess des Aufwachsens (Abschn. 4.1) – mental repräsentiert sind. Nachvollziehbar ist einerseits, dass sportartspezifische Selbsteinschätzungen (z. B. „Ich kann den (Hand-)Ball kräftig und genau werfen") konkreter sind als solche, die am Konstrukt (sport-)motorischer Fähigkeiten (z. B. „Es gelingt mir leicht, sportliche Bewegungen zu kontrollieren") orientiert sind, weil bei letzteren mehrere, zum Teil verschiedenartige Erfahrungen auf einer höheren (Abstraktions-)Ebene gebündelt werden müssen. Andererseits hängt der Abstraktionsgrad letztlich aber auch von den gewählten Itemformulierungen ab. So dürfte etwa das Item „I can be physically active for a long period of time without getting tired" aus der Skala der Ausdauerfacette des PSDQ (Marsh et al. 1994, S. 305) auch im Kindesalter valide beantwortbar sein. Daher vermag das Argument eines Vorteils von sportartenorientierten Konzeptualisierungen des körperlichen Selbstkonzepts mit dem Verweis auf einen angemesseneren Abstraktionsgrad nicht vollauf überzeugen.

Letztlich hängt die *Entscheidung für oder gegen eine bestimmte Modellvorstellung* davon ab, welche Forschungsfrage fokussiert wird, denn Theorien oder Modelle können nicht pauschal anhand des dichotomen Kriteriums von „wahr" oder „falsch" beurteilt werden, sondern ihre Güte zeigt sich darin, inwieweit ein fokussiertes Problem mithilfe einer theoretischen Modellvorstellung beschrieben, erklärt und empirisch überprüft werden kann. Geht es also z. B. um die grundsätzliche Aufklärung des Zusammenhangs zwischen sportlichem Engagement und dem körperlichen Fähigkeitsselbstkonzept, die Differenzierung von unterschiedlich sportlich Aktiven oder die Wirkungen einer bestimmten Bewegungstherapie, sind an der Systematik (sport-)motorischer Fähigkeiten orientierte Selbstkonzeptmodelle wesentlich geeigneter, denn sie können die jeweiligen Selbsteinschätzungen relativ *unabhängig von den Lebens- und Erfahrungskontexten* der Befragten erfassen, während sportartorientierte Strukturvorstellungen einen *gemeinsam geteilten Lebens- und Erfahrungskontext* voraussetzen. Wie soll eine Probandin ihre (aktuellen) Fähigkeiten im Hockey oder Turnen beurteilen, wenn sie noch nie Hockey gespielt hat oder wenn ihre turnerischen Erfahrungen jahrelang zurückliegen? Daher mag die Verwendung von sportartenorientierten Selbstkonzeptmodellen im Zusammenhang mit bestimmten Fragestellungen des schulischen Sportunterrichts sinnvoll sein, auch wenn dieser mehr umfassen sollte als die Vermittlung von Sportarten.

3.3 Körperliche Fähigkeitsselbstkonzepte und sportliche Leistungen

Auf Grundlage der theoretischen Konzeption des mehrdimensionalen hierarchischen Selbstkonzepts gehen die mehr oder weniger differenziert strukturierten Fähigkeitsselbstbilder aus Beobachtungen, Erfahrungen und Rückmeldungen im Zusammenhang mit erbrachten körperlich-sportlichen Leistungen zurück. Daher sollen die Assoziationen zwischen den Leistungen und dem körperlich-sportlichen Fähigkeitsselbstkonzept bzw. seinen Facetten im Folgenden näher betrachteten werden.

Unter Verwendung von Fragebogen aus der SDQ-Familie bzw. des Self-Perception Profile geht es also um den *Zusammenhang zwischen allgemeinen sportlichen Leistungen*, die in der Regel mithilfe eines standardisierten motorischen Tests erfasst werden, und den globalen *Einschätzungen der körperlich-sportlichen Fähigkeiten*. In einer Studie an etwa 13-jährigen australischen Schülerinnen ermittelten Marsh und Peart (1988) eine moderate Korrelation von r = 0,45 zwischen Leistung und subjektivem Selbstbild. Auch in einer Untersuchung an deutschen Schülerinnen und Schülern zeigte sich für die 3. Grundschulklasse eine identische Assoziation von r = 0,45 mit dem *motorischen Testergebnis*, während die Korrelationen mit *Lehrerbeurteilungen* in der 4. und 6. Klasse r = 0,60 betrugen (Marsh et al. 2007). Gerlach (2008, S. 146) berichtet über eine Korrelation von r = 0,36 zwischen motorischer Testleistung und globalem körperlichem Fähigkeitsselbstbild in der 3. Klasse. Eine nahezu identische Größenordnung fand sich einerseits in einer jüngeren deutschen Studie (Dreiskämper et al. 2020), wobei die Assoziation allerdings in der 1. Klasse (r = 0,19) sowie im Kindergarten (r = 0,16) deutlich geringer ausfiel, sowie bei etwas älteren finnischen Grundschulkindern (r = 0,31; Jaakkola et al. 2019).

In einer *deutschen Längsschnittstudie* (Ahnert 2005) zeigten sich unter den Jungen engere Zusammenhänge zwischen dem athletischen Selbstkonzept und dem Körperkoordinationstest (KTK) von r = 0,35 im Alter von 8 Jahren, die bis zu r = 0,49 unter 12-Jährigen zunahmen (S. 222). Allerdings fielen die Assoziationen unter den *Mädchen* zunächst bemerkenswert niedriger aus (r = 0,2) und erreichten erst im Alter von 12 Jahren mit r = 0,56 etwas engere Korrelationen als bei den Jungen (Ahnert 2005, S. 223).[2] Auch für französische Schülerinnen und Schüler von der 7. bis zur 9. Kasse konnte ein ähnliches Muster beobachtet werden, denn ihre elementaren turnerischen Leistungen, die von Experten beurteilt wurden, korrelierten mit dem turnerischen Fähigkeitsselbstkonzept in der Größenordnung von r = 0,51 (Marsh et al. 2006b). Eine weitere Studie, die Vorschulkinder mithilfe der Pictorial Scale (Harter und Pike 1984) untersuchte, fand eine Korrelation des Fähigkeitsselbstbilds von etwa r = 0,48 mit motorischen Tests (Robinson 2011).

Ein etwas differenzierteres Bild ergibt sich, wenn die Befunde in den Blick genommen werden, die auf *Grundlage mehrdimensionaler Selbstkonzeptinstrumente* erhoben wurden. Die Zusammenhänge zwischen *bereichsspezifischen Fähigkeitsselbstbildern* und korrespondierenden *motorischen Testleitungen* rangierten nach Marsh und Redmayne (1994) in einer Stichprobe australischer Sekundarschülerinnen von r = 0,10 (Gleichgewicht) über r = 0,21 (Beweglichkeit) und r = 0,44 (Kraft) bis r = 0,63 (Ausdauer). Unter jüngeren Kindern im Alter zwischen 10 und 13 Jahren zeigten sich ähnliche Assoziationsmaße unter Verwendung eines modifizierten Physical Self-Perception Profile von Fox und Corbin (1989; Whitehead 1995). Gemessene und wahrgenommene Kraftfähigkeiten korrelierten moderat (Jungen: r = 0,34 bis 0,38; Mädchen: r = 0,51 bis 0,56) ebenso wie Ausdauer und perzipierte Kondition (Jungen: r = 0,32 bis 0,53; Mädchen: r = 0,29 bis 0,39; Raudsepp und Liblik 2002). In einer Metaanalyse berichten Germain und Hausenblas (2006) ferner von einem mittleren Zusammenhang von r = 0,43 zwischen motorischen Testleistungen und korrespondierenden subjektiven Fähigkeitsfacetten, sofern standardisierte motorische Test verwendet wurden.

Insgesamt gesehen zeigen diese Zusammenhänge eine weitgehende Ähnlichkeit mit den Korrelationen zwischen Leistungen in kognitiv akzentuierten Schulfächern, die mithilfe standardisierter Test erfasst wurden, und den entsprechenden fachspezifischen Fähigkeitsselbstkonzepten (Möller et al. 2009). Obwohl im Hinblick auf das körperlich-sportliche Fähigkeitskonzept weit weniger empirische Be-

---

[2] Ähnliche Werte von r = 0,41 bis 0,45 bei Jungen bzw. zwischen r = 0,14 und r = 0,48 unter Mädchen berichten Asendorpf und Teubel (2009) auf gleicher Datengrundlage der sogenannten LOGIK-Studie.

funde dokumentiert sind, kann daher festgehalten werden, dass die *körperlichen Fähigkeitsselbstkonzepte relativ gut* – aber eben *nicht vollständig* – mit den tatsächlichen sportlichen Leistungen *übereinstimmen*.

Hinzuweisen ist an dieser Stelle aber darauf, dass die dargestellten Zusammenhänge *keine Aussagen im Hinblick auf die Wirkungsrichtung* zulassen. Es bleibt also offen, ob die moderaten Korrelationen darauf beruhen, dass gute motorische Leistungen zu einem entsprechend günstigen körperlich-sportlichen Fähigkeitsselbstbild führen, oder ob umgekehrt ein positives bereichsspezifisches Selbstkonzept bessere sportmotorische Leistungen nach sich zieht. Diese Fragen der komplexen kausalen Zusammenhänge zwischen einerseits motorischen Leistungen und andererseits korrespondierenden subjektiven Fähigkeitsselbstbildern werden im zweiten Band detailliert behandelt.

3.4 Wie gut können Lehrkräfte die Selbstbilder ihrer Schüler einschätzen?

Als wesentliches *Merkmal guten Unterrichts*, insbesondere im Zusammenhang mit einem individualisierten Unterricht (Klieme und Warwas 2011; für den Sportunterricht: Pfitzner und Neuber 2012) oder einem adaptiven Unterricht (Hardy et al. 2011), gilt die Fähigkeit von Lehrkräften, ihren Schülerinnen und Schüler möglichst optimale Lerngelegenheiten zu bieten. Zu den *relevanten Lehrkraftkompetenzen* gehört dabei nicht nur, über die bisherigen Lernleistungen informiert zu sein, sondern auch die subjektiven Sichtweisen der Schüler und Schülerinnen zu kennen, denn auch ihre *subjektiven Fähigkeitsselbstbilder* sind für ihr Lernverhalten und ihr Erleben der jeweiligen Unterrichtssituationen ebenso bedeutsam wie für die Unterrichtsergebnisse und ihre Lernleistungen (Seyda 2018).

Exkurs: Adaptives Unterrichten
Unter adaptivem Unterrichten wird ein Lehr-Lern-Prozess verstanden, der auf die (individuellen) Lernbedürfnisse, -möglichkeiten und -fähigkeiten der Schülerinnen und Schüler möglichst optimal eingeht. Ziel adaptiven Unterrichtens ist es, u. a. jedem Schüler zu ermöglichen, sein Potenzial bestmöglich zu nutzen, die curricularen Mindeststandards zu erreichen und keine Schülergruppe zurückzulassen sowie die Streuung der Lernergebnisse möglichst zu verringern, aber keinesfalls zu vergrößern (Hertel 2014). Ein adaptiver Unterricht stellt also eine *optimale Passung von Lernangeboten, Lernumgebung und Lernvoraussetzungen* der Schülerinnen und Schüler in den Mittelpunkt.

Während *unrealistisch positive Selbsteinschätzungen* der sportlichen Fähigkeiten neben der Wahl von zu hohen Leistungsanforderungen und damit verknüpften Enttäuschungserlebnissen vor allem Unfall- und Verletzungsrisiken mit sich bringen können, führen *unrealistisch negative Fähigkeitskonzepte* nicht selten zu ungünstigen Lernbedingungen und entsprechend geringeren Lernleistungen. Daher sollten Sportlehrkräfte nicht nur die *diagnostische Kompetenz* (Schrader 2009) besitzen, die motorischen Fähigkeiten und Leistungen ihrer Schüler zutreffend zu beurteilen, sondern sie sollten auch in der Lage sein, ihr körperliches Selbstkonzept passend einzuschätzen (Praetorius et al. 2010).

Diese *diagnostische Kompetenz* ist im Sportunterricht aber nicht allein mit Blick auf die adressierten Lernergebnisse bedeutsam, denn wegen der *besonderen körperlichen Exponiertheit der Schülerinnen und Schüler*, die aus der nahezu permanenten Beobachtbarkeit des Körpers und der motorischen Leistungen resultiert und nicht selten *mit Beschämungserfahrungen* verknüpft ist, sollten auch die körperlichen Selbstkonzeptfacetten selbst im Horizont des unterrichtlichen Arrangements bedacht und reflektiert werden. Wie gut Lehrkräfte das *Selbstkonzept des Aussehens* ihrer Schüler einschätzen können, ist bisher kaum erforscht. Lediglich ältere Studien an australischen Fünftklässlern beobachteten eine sehr lose Korrelation zwischen Schülerselbstbild und Lehrkrafteinschätzungen in Höhe von r = 0,18 bzw. von r = 0,06 (Marsh et al. 1984b). Demnach sind Lehrkräfte nicht in der Lage, die subjektiven Selbsteinschätzungen des Aussehens ihrer Schüler hinreichend treffend zu beurteilen.

Aber auch im Hinblick auf das *Selbstkonzept der körperlich-sportlichen Fähigkeiten* waren die Größenordnungen der Zusammenhänge zwischen Selbst- und Lehrereinschätzungen in älteren Untersuchungen überschaubar. In einer Studie an Grundschulen fanden Marsh und Craven (1991) eine Assoziation von r = 0,53, während die Zusammenhänge in der 5. und 6. Klasse zwischen r = 0,38 und r = 0,50 (Marsh et al. 1983a) bzw. bei r = 0,32 (Marsh et al. 1984b) lagen.

Da diese Zusammenhänge einerseits nicht klassenweise, sondern global ermittelt wurden und sich andererseits die Rahmenbedingungen des australischen Schulsystems von den deutschen Verhältnissen unterscheiden, sind die Befunde einer jüngeren Studie von Seyda (2018) von besonderem Interesse. In ihrer differenzierten Untersuchung an mehr als 500 Grundschulkindern und ihren 35 Sportlehrkräften konnte sie zeigen, dass deren Einschätzungen nur *unzureichend mit den subjektiven Fähigkeitsselbstbildern* der Schülerinnen und Schüler *korrespondierten*. Zwar betrug die Korrelation eine Höhe von r = 0,50, doch nach einschlägigen Grenzwerten kann dies nicht als hinreichend akkurat gelten (Seyda 2018, S. 225), weil den Lehrkräften die individuellen Unterschiede zwischen den Kindern nicht ausreichend klar waren.

Ferner zeigte sich, dass die Sportlehrkräfte dazu neigten, die *Fähigkeitsselbstwahrnehmungen* ihrer Schüler einerseits zu *unterschätzen* und andererseits die *Streuung* unter der Schülerschaft zu *überschätzen*. Sie gehen also offenbar von einer unangemessen größeren Heterogenität in ihrer Sportklasse aus und sind sich nicht bewusst, dass die Kinder dazu tendieren, ihre körperlich-sportlichen Leistungen besser zu beurteilen. Dieses Muster geht offensichtlich darauf zurück, dass die Sportlehrkräfte eher die (einfacher zu beobachtenden) motorischen Leistungen ihrer Schüler für ihr Urteil nutzen als Informationen über ihre subjektiven Selbstwahrnehmungen.

Vor dem Hintergrund der Neigung der Kinder, ihre körperlich-sportlichen Fähigkeiten unrealistisch positiv zu bewerten (Abschn. 4.1 und 4.4), dürften die Lehrkräfte also Schwierigkeiten haben, die *subjektiven Sichtweisen* ihrer Schüler in ihre *pädagogisch-didaktischen Arrangements* einzubeziehen. Inwieweit Sportlehrkräfte in der Lage sind, die subjektiven Fähigkeitskonzepte ihrer Schülerinnen und Schüler zu späteren Zeitpunkten ihrer Schulkarriere adäquat zu beurteilen – also in Zeiträumen, in denen die Jugendlichen zum großen Teil realistische Selbsteinschätzen hervorbringen –, ist bisher leider noch nicht erforscht worden.

Fragen und Denkanstöße

1. Warum ist das körperliche Selbstkonzept von Heranwachsenden aus pädagogisch-psychologischer Sicht von besonderem Interesse?
2. Inwieweit kann man empirisch begründet von einem globalen körperlichen Selbstkonzept ausgehen?
3. Welche Bedeutung besitzt das Selbstkonzept des Aussehens für das Selbstwertgefühl von Heranwachsenden?
4. Welche Vorteile besitzen Selbstkonzeptmodelle, die eine differenzierte Struktur des Fähigkeitsselbstbilds aufweisen?
5. Wie eng hängen sportliche Fähigkeitsselbstkonzepte und tatsächliche sportmotorische Leistungen zusammen?
6. Inwiefern ist es wichtig, dass Lehrkräfte auch das Selbstkonzept des Aussehens ihrer Schülerinnen und Schüler gut beurteilen können? ◄

Literatur

Ahnert, J. (2005). *Motorische Entwicklung vom Vorschul- bis ins frühe Erwachsenenalter – Einflussfaktoren und Prognostizierbarkeit*. Würzburg: Universität Würzburg.

Arens, A.K. (2011). *Selbstkonzepte von Schülern der Klassenstufen 3 bis 6: Messung und Validierung der multidimensionalen Struktur*. Göttingen: Universität Göttingen.

Arens, A.K. & Hasselhorn, M. (2014). Age and gender differences in the relation between self-concept facets and self-esteem. *Journal of Early Adolescence, 34*(6), 760–791.

Arens, A.K. & Morin, A.J.S. (2017). Improved representation of the self-perception profile for children through bifactor exploratory structural equation modeling. *American Educational Research Journal, 54*(1), 59–87.

Arens, A.K., Trautwein, U. & Hasselhorn, M. (2011). Erfassung des Selbstkonzepts im mittleren Kindesalter: Validierung einer deutschen Version des SDQ I. *Zeitschrift für Pädagogische Psychologie, 25*(2), 131–144.

Asendorpf, J. & Aken, M. (1993). Deutsche Versionen der Selbstkonzeptskalen von Harter. *Zeitschrift für Entwicklungspsychologie und Pädagogische Psychologie, 25*(1), 64–86.

Asendorpf, J. & Teubel, T. (2009). Motorische Entwicklung vom frühen Kindes- bis zum frühen Erwachsenenalter im Kontext der Persönlichkeitsentwicklung. *Zeitschrift für Sportpsychologie, 16*(1), 2–16.

Barnett, L.M., Vazou, S., Abbott, G., Bowe, S.J., Robinson, L.E., Ridgers, N.D., et al. (2016). Construct validity of the pictorial scale of perceived movement skill competence. *Psychology of Sport and Exercise, 22*, 294–302.

Baudson, T.G., Weber, K.E. & Freund, P.A. (2016). More than only skin deep: Appearance self-concept predicts most of secondary school students' self-esteem. *Frontiers in Psychology, 7*, 1568–1568.

Bös, K. (1987). *Handbuch sportmotorischer Tests.* Göttingen: Hogrefe.

Braun, A., Martin, T., Alfermann, D. & Michel, S. (2018). Überprüfung der Reliabilität und Validität der Kurzform des Physical Self-Description Questionnaire (PSDQ-S) in den Altersgruppen des frühen und späten Erwachsenenalters. *Zeitschrift für Sportpsychologie, 25*(3), 115–127.

Dreiskämper, D., Tietjens, M., Honemann, S., Naul, R. & Freund, P.A. (2015). PSK-Kinder – Ein Fragebogen zur Erfassung des physischen Selbstkonzepts von Kindern im Grundschulalter. *Zeitschrift für Sportpsychologie, 22*(3), 97–111.

Dreiskämper, D., Utesch, T., Henning, L., Ferrari, N., Graf, C., Tietjens, M., et al. (2020). Motorische Leistungsfähigkeit, physisches Selbstkonzept und deren reziproke Zusammenhänge mit dem Body-Mass-Index (BMI) vom Kindergarten bis zur Grundschule. *Forum Kinder- und Jugendsport, 1*(1), 40–49.

Dreiskämper, D., Tietjens, M. & Schott, N. (2022). The physical self-concept across childhood: Measurement development and meaning for physical activity. *Psychology of Sport and Exercise, 61*, 102187.

Eschenbeck, H. & Knauf, R.-K. (2018). Entwicklungsaufgaben und ihre Bewältigung. In A. Lohaus (Hrsg.), *Entwicklungspsychologie des Jugendalters* (S. 23–50). Berlin, Heidelberg: Springer.

Esnaola, I., Sesé, A., Antonio-Agirre, I. & Azpiazu, L. (2020). The development of multiple self-concept dimensions during adolescence. *Journal of Research on Adolescence, 30*(Suppl 1), 100–114.

Estevan, I & Barnett, L.M. (2018). Considerations related to the definition, measurement and analysis of perceived motor competence. *SportsMedicine, 48*(12), 2685–2694.

Fend, H. (2005). *Entwicklungspsychologie des Jugendalters* (3. Aufl.). Wiesbaden: VS.

Fox, K.R. & Corbin, C.B. (1989). The Physical Self-Perception Profile: Development and preliminary validation. *Journal of Sport and Exercise Psychology, 11*(4), 408–430.

Freund, A. (1995). *Die Selbstdefinition alter Menschen – Inhalt, Struktur und Funktion.* Berlin: Max-Planck-Institut für Bildungsforschung.

Gerlach, E. (2006). Selbstkonzepte und Bezugsgruppeneffekte: Entwicklung selbstbezogener Kognitionen in Abhängigkeit von der sozialen Umwelt. *Zeitschrift für Sportpsychologie, 13*(3), 104–114.

Gerlach, E. (2008). *Sportengagement und Persönlichkeitsentwicklung: eine längsschnittliche Analyse der Bedeutung sozialer Faktoren für das Selbstkonzept von Heranwachsenden.* Aachen: Meyer & Meyer.

Gerlach, E. & Brettschneider, W.D. (2013). *Aufwachsen mit Sport. Befunde einer 10-jährigen Längsschnittstudie zwischen Kindheit und Adoleszenz.* Aachen: Meyer & Meyer.

Gerlach, E., Trautwein, U. & Lüdtke, O. (2007). Referenzgruppeneffekte im Sportunterricht: Kurz- und langfristig negative Effekte sportlicher Klassenkameraden auf das sportbezogene Selbstkonzept. *Zeitschrift für Sozialpsychologie, 38*(2), 73–83.

Germain, J. & Hausenblas, H. (2006). The relationship between perceived and actual physical fitness: A meta-analysis. *Journal of Applied Sport Psychology, 18*(4), 283–296.

Hardy, I., Hertel, S., Kunter, M., Klieme, E., Warwas, J., Büttner, G., et al. (2011). Adaptive Lerngelegenheiten in der Grundschule. Merkmale, methodisch-didaktische Schwerpunktsetzungen und erforderliche Lehrerkompetenzen. *Zeitschrift für Pädagogik, 57*(6), 819–833.

Harter, S. (1985/2012). *Self-perception profile for children.* Denver, CO: University of Denver.

Harter, S. (2000). Is self-esteem only skind-deep? The inextricable link between physical appearance and self-esteem. *Reclaiming Children and Youth, 9*(3), 133–138.

Harter, S. (2012). *The construction of the self: Developmental and sociocultural foundations* (2nd Ed.). New York, NY: Guilford Press.

Harter, S. & Pike, R. (1984). The pictorial scale of perceived competence and social acceptance for young children. *Child Development, 55*(6), 1969–1982.

Havighurst, R.J. (1965/1948). *Developmental tasks and education* (2nd Ed.). New York, NY: MacKay.

Herrmann, C. & Seelig, H. (2017). "I can dribble!" On the relationship between children's motor competencies and corresponding self-perceptions. *German Journal of Exercise and Sport Research, 47*(4), 324–334.

Herrmann, C., Gerlach, E. & Seelig, H. (2016). Motorische Basiskompetenzen in der Grundschule. *Sportwissenschaft, 46*(2), 60–73.

Hertel, S. (2014). Adaptive Lerngelegenheiten in der Grundschule: Merkmale, methodisch-didaktische Schwerpunktsetzungen und erforderliche Lehrerkompetenzen. In B. Kopp, S. Martschinke, M. Munser-Kiefer, M. Haider, E.-M. Kirschhock, G. Ranger, et al. (Hrsg.), *Individuelle Förderung und Lernen in der Gemeinschaft* (S. 19–34). Wiesbaden: Springer.

Hockey, A., Milojev, P., Sibley, C.G., Donovan, C.L. & Barlow, F.K. (2021). Body image across the adult lifespan: A longitudinal investigation of developmental and cohort effects. *Body Image, 39*, 114–124.

Jaakkola, T., Huhtiniemi, M., Salin, K., Seppälä, S., Lahti, J., Hakonen, H., et al. (2019). Motor competence, perceived physical competence, physical fitness, and physical activity within Finnish children. *Scandinavian Journal of Medicine & Science in Sports, 29*(7), 1013–1021.

James, W. (1892). *Psychology. Briefer Course.* New York, NY: Holt.

Klieme, E. & Warwas, J. (2011). Konzepte der Individuellen Förderung. *Zeitschrift für Pädagogik, 57*(6), 805–818.

Lindwall, M., Aşçı, F. & Hagger, M. (2011). Factorial validity and measurement invariance of the revised Physical Self-Perception Profile (PSPP-R) in three countries. *Psychology, Health & Medicine, 16*(1), 115–128.
Marsh, H.W. (1986). Global self-esteem: Its relation to specific facets of self-concept and their importance. *Journal of Personality and Social Psychology, 51*(6), 1224–1236.
Marsh, H.W. (1987). The Hierarchical Structure of Self-Concept and the Application of Hierarchical Confirmatory Factor Analysis. *Journal of Educational Measurement, 24*(1), 17–39.
Marsh, H.W. (1988). *Self-Description-Questionnaire (SDQ) I.* San Antonio, TX: The Psychological Corporation.
Marsh, H.W. (1990). *Self-Description-Questionnaire (SDQ) II.* San Antonio, TX: The Psychological Corporation.
Marsh, H.W. (1992). *Self-Description-Questionnaire (SDQ) III.* Macarthur: University of Western Sydney.
Marsh, H.W. & Craven, R.G. (1991). Self-other agreement on multiple dimensions of preadolescent self-concept: Inferences by teachers, mothers, and fathers. *Journal of Educational Psychology, 83*(3), 393–404.
Marsh, H.W. & Peart, N.D. (1988). Competitive and cooperative physical fitness training programs for girls: Effects on physical fitness and multidimensional self-concepts. *Journal of Sport and Exercise Psychology, 10*(4), 390–407.
Marsh, H.W. & Redmayne, R.S. (1994). A multidimensional physical self-concept and its relations to multiple components of physical fitness. *Journal of Sport and Exercise Psychology, 16*(1), 43–55.
Marsh, H.W., Parker, J.W. & Smith, I.D. (1983a). Preadolescent self-concept: Its relation to self-concept as inferred by teachers and to academic ability. *British Journal of Educational Psychology, 53*(1), 60–78.
Marsh, H.W., Barnes, J., Cairns, L. & Tidman, M. (1984a). Self-Description Questionnaire: Age and sex effects in the structure and level of self-concept for preadolescent children. *Journal of Educational Psychology, 76*(5), 940–956.
Marsh, H.W., Smith, I.D. & Barnes, J. (1984b). Multidimensional self-concepts: Relationships with inferred self-concepts and academic achievement. *Australian Journal of Psychology, 36*(3), 367–386.
Marsh, H.W., Parker, J. & Barnes, J. (1985). Multidimensional Adolescent Self-Concepts: Their Relationship to Age, Sex, and Academic Measures. *American Educational Research Journal, 22*(3), 422–444.
Marsh, H.W., Richards, G.E., Johnson, S., Roche, L. & Tremayne, P. (1994). Physical Self-Description Questionnaire: Psychometric properties and a multitrait-multimethod analysis of relations to existing instruments. *Journal of Sport and Exercise Psychology, 16*(3), 270–305.
Marsh, H.W., Asci, F.H. & Thomás, I.M. (2002). Multitrait-multimethod analyses of two physical self-concept instruments: A cross-cultural perspective. *Journal of Sport and Exercise Psychology, 24*(2), 99–119.
Marsh, H.W., Trautwein, U., Lüdtke, O., Köller, O. & Baumert, J. (2006a). Integration of multidimensional self-concept and core personality constructs: Construct validation and relations to well-being and achievement. *Journal of Personality, 74*(2), 403–456.
Marsh, H.W., Chanal, J.P. & Sarrazin, P.G. (2006b). Self-belief does make a difference: A reciprocal effects model of the causal ordering of physical self-concept and gymnastics performance. *Journal of Sports Sciences, 24*(1), 101–111.

Marsh, H.W., Gerlach, E., Trautwein, U., Lüdtke, O. & Brettschneider, W.-D. (2007). Longitudinal study of preadolescent sport self-concept and performance. Reciprocal effects and causal ordering. *Child development, 78*(6), 1640–1656.

Marsh, H.W., Martin, A.J. & Jackson, S. (2010). Introducing a short version of the Physical Self-Description Questionnaire: New strategies, short-form evaluative criteria, and applications of factor analyses. *Journal of Sport and Exercise Psychology, 32*(4), 438–482.

Meyer, W.-U. (1984). *Das Konzept von der eigenen Begabung.* Bern: Huber.

Möller, J., Pohlmann, B., Köller, O. & Marsh, H.W. (2009). A meta-analytic path analysis of the internal/external frame of reference model of academic achievement and academic self-concept. *Review of Educational Research, 79*(3), 1129–1167.

Morin, A.J.S., Maïano, C., Marsh, H.W., Janosz, M. & Nagengast, B. (2011). The longitudinal interplay of adolescents' self-esteem and body image: A conditional Autoregressive Latent Trajectory analysis. *Multivariate Behavioral Research, 46*(2), 157–201.

Pfitzner, M. & Neuber, N. (2012). Individuelle Förderung im Sport: pädagogische Grundlagen und didaktisch-methodische Konzepte. In M. Pfitzner & N. Neuber (Hrsg.), *Individuelle Förderung im Sport: pädagogische Grundlagen und didaktisch-methodische Konzepte* (S. 75–95). Münster: Lit.

Praetorius, A.-K., Karst, K., Dickhäuser, O. & Lipowsky, F. (2010). Wie gut schätzen Lehrer die Fähigkeitsselbstkonzepte ihrer Schüler ein? Zur diagnostischen Kompetenz von Lehrkräften. *Psychologie in Erziehung und Unterricht, 58*(2), 81–91.

Raudsepp, L. & Liblik, R. (2002). Relationship of perceived and actual motor competence in children. *Perceptual and Motor Skills, 94*(3. suppl), 1059–1070.

Robinson, L.E. (2011). The relationship between perceived physical competence and fundamental motor skills in preschool children. *Child: Care, Health and Development, 37*(4), 589–596.

Schipke, D. & Freund, P.A. (2012). A meta-analytic reliability generalization of the physical self-description questionnaire (PSDQ). *Psychology of Sport and Exercise, 13*(3), 789–797.

Schrader, F.-W. (2009). Anmerkungen zum Themenschwerpunkt Diagnostische Kompetenz von Lehrkräften. *Zeitschrift für Pädagogische Psychologie, 23*(34), 237–245.

Seyda, M. (2011). *Persönlichkeitsentwicklung durch Bewegung, Spiel und Sport: die Bedeutung des Schulsports für die Selbstkonzeptentwicklung im Grundschulalter.* Aachen: Meyer & Meyer.

Seyda, M. (2018). Können Sportlehrkräfte die Perspektive ihrer Schülerinnen und Schüler einnehmen? Eine Untersuchung über die Akkuratheit von Beurteilungen physischer Fähigkeitsselbstwahrnehmungen. *Unterrichtswissenschaft, 46*(1), 215–231.

Shavelson, R.J., Hubner, J.J. & Stanton, G.C. (1976). Self-concept: Validation of construct interpretations. *Review of Educational Research, 46*(3), 407–441.

Stiller, J. & Alfermann, D. (2007). Die deutsche Übersetzung des Physical Self-Description Questionnaire (PSDQ). *Zeitschrift für Sportpsychologie, 14*(4), 149–161.

Stiller, J., Würth, S. & Alfermann, D. (2004). Die Messung des physischen Selbstkonzepts (PSK). *Zeitschrift für Differentielle und Diagnostische Psychologie, 25*(4), 239–257.

Whitehead, J.R. (1995). A study of children's physical self-perceptions using an adapted physical self-perception profile questionnaire. *Pediatric Exercise Science, 7*(2), 132–151.

Zastrow, H. (1996). *Jugend, Schule, Sport: Dimensionen des Begabungskonzepts.* Schorndorf: Hofmann.

Wie das Selbstkonzept zustande kommt 4

> **Zusammenfassung**
>
> In diesem Kapitel geht es darum, wie Personen zu Einschätzungen über sich selbst, also ihre Merkmale, Fähigkeiten und Einstellungen, gelangen. Der erste Abschnitt erläutert die Entwicklung des Selbstkonzepts vom Kind zum jungen Erwachsenen und fokussiert die sich verändernden kognitiven Fähigkeiten. Ausgehend von informationstheoretischen Überlegungen wird vorgestellt, woher Individuen Informationen über die eigene Person gewinnen. Im Anschluss stehen soziale, temporale und dimensionale Vergleichsprozesse im Mittelpunkt und die Frage, anhand welcher Maßstäbe das Individuum zu Einschätzungen und Beurteilungen der eigenen Person gelangt und wie realistisch Selbsteinschätzungen insbesondere bei Heranwachsenden ausfallen.

4.1 Entwicklung des Selbstkonzepts im Prozess des Aufwachsens

Die Entwicklung des Selbst im Altersverlauf hängt eng mit den zuvor behandelten Fragen der Stabilität des Selbstkonzepts zusammen (Abschn. 2.2.2). Allerdings steht nun die Entwicklung der wesentlichen *kognitiven Kompetenzen* des Individuums im Mittelpunkt. Im Sinne der Differenzierung des Selbst in „I" und „me" von James (1892; Abschn. 2.1) liegt der Akzent also auf der Entwicklung des „I", während sich die Fragen der Stabilität eher auf das „me" bezogen haben.

Den Fähigkeiten, Wissen und Einschätzungen über die eigene Person zu gewinnen, liegen generell die kognitiven Fähigkeiten des Menschen zugrunde, die sich erst im Verlauf der Kindheit in einem engen Zusammenspiel mit den sozialen Kontexten entwickeln (Harter 2012). Während zunächst geringere kognitive Kompetenzen zu einfachen Vorstellungen vom Selbst führen, wachsen mit zunehmenden Fähigkeiten im Prozess des Aufwachsens die Möglichkeiten, auch umfassendere und komplexere Selbstkonzepte herausbilden zu können.

Vorstellungen vom eigenen Selbst zeigen sich bereits in den *ersten Lebensjahren*, wobei die Interaktionen mit anderen Menschen eine zentrale Rolle spielen, und entwickeln sich von der Kindheit über das Jugend- bis hin zum Erwachsenenalter (Siegler et al. 2005, S. 409). Erste, noch unvollkommene Vorstellungen vom Selbst zeigen sich schon im *ersten Lebensjahr*, wenn Säuglinge z. B. ein Mobile bewegen; denn ihre lustvollen, aber auch wütenden Reaktionen weisen darauf hin, dass sie offenbar über „eine Vorstellung von ihrer Fähigkeit [verfügen], Objekte außerhalb ihrer selbst zu kontrollieren" (Siegler et al. 2005, S. 409). Neben diesen „Anfängen von Wirksamkeitserleben und Intentionalität" (Hannover und Greve 2018, S. 566) bildet die sich im Alter von 8 bis 15 Monaten entwickelnde Fähigkeit, die Existenz von Personen und Objekten auch außerhalb der unmittelbaren Wahrnehmung zu erkennen und mental zu repräsentieren (Objektpermanenz), einen weiteren Schritt, denn gleichzeitig lernt das Kind „durch das Abgleichen und Integrieren von Eindrücken aus verschiedenen Sinnesmodalitäten sich selbst als invariant wahrzunehmen (Selbstpermanenz)" (Hannover und Greve 2018, S. 567).

Um *differenziertere mentale Repräsentationen*, also Vorstellungen, der eigenen Person zu entfalten, bedarf es allerdings *sprachlicher Fähigkeiten*, die dann auch (erste) Selbstauskünfte ermöglichen (Hannover und Greve 2018). Gegen Ende des zweiten Lebensjahres ist die Sprachentwicklung in der Regel so weit, dass das Kleinkind den eigenen Namen oder Personalpronomina wie „ich" und „mein" verwenden kann. Damit ist die Voraussetzung erreicht, eigenes Verhalten und Erleben im Gedächtnis zu speichern und so über Informationen über sich selbst und vergangene Erfahrungen zu verfügen (Siegler et al. 2005, S. 410). In diesem Zeitraum zeigt sich zumeist auch erstmals die Fähigkeit des Kleinkindes, sich im Spiegel selbst zu erkennen. Sie gilt als wichtiger *Meilenstein in der Entwicklung* des Selbst, dessen Erreichen empirisch mithilfe des Spot-on-the-Nose-Tests untersucht werden kann.

Exkurs: Spot-on-the-Nose-Test
In diesem auch Mirror-and-Rouge-Test genannten Verfahren wird dem Kind heimlich ein auffälliger farbiger Punkt auf der Nase (oder der Stirn) angebracht, sodass es dies nicht bemerkt. Über einen im Raum platzierten

4.1 Entwicklung des Selbstkonzepts im Prozess des Aufwachsens

> Spiegel wird dem Kind ermöglicht, diese Markierung zu erkennen. Versucht das Kind, die Farbmarkierung im eigenen Gesicht – und eben nicht in seinem Spiegelbild – zu prüfen oder zu entfernen, gilt der Test als bestanden. Erst wenn das Kind die Farbmarkierung an der eigenen Nase und nicht im Spiegel prüft, ist ihm klar, „dass die Person, die sie im Spiegel erkennt, der Sitz seiner Perspektivität ist: Das, was ich sehe, bin ‚ich'!" (Hannover und Greve 2018, S. 567).

Mit etwa *zwei Jahren* gelingt es zudem vielen Kindern, sich auf Fotografien mit mehreren anderen Personen selbst zu erkennen: Etwa zwei Drittel identifizieren sich auf einem Foto mit zwei anderen Kindern gleichen Alters und gleichen Geschlechts, im Alter von ca. 2,5 Jahren erkennen sich 97 % der Kinder (Siegler et al. 2005, S. 410). Im Verlauf des *3. Lebensjahres* können auch Verhaltensweisen beobachtet werden, die auf Gefühle wie Verlegenheit, Scham oder Peinlichkeit, aber auch Stolz hinweisen und ebenso ein Bewusstsein vom eigenen Selbst erfordern wie auch von sozialen Erwartungen. Voraussetzung für derartige Gefühle ist die zumindest elementar ausgebildete Fähigkeit, sich in die *Perspektive anderer Personen* hineinzuversetzen (vgl. auch Abschn. 2.1). Sehr deutlich wird die wachsende Bewusstheit von der eigenen Person in diesem Alter zudem in der Neigung, den eigenen Willen gegenüber den Eltern oder anderen Erwachsenen durchsetzen zu wollen (sogenanntes Trotzalter).

Im Verlauf des Kindesalters und der Entfaltung der kognitiven Kompetenzen wächst das Selbstkonzept im Hinblick auf *Umfang und Komplexität*, wie Susan Harter (2012), maßgebliche Forscherin im Bereich der Entwicklung der Selbstwahrnehmung, ebenso differenziert wie anschaulich dargestellt hat. 3- bis 4-Jährige beschreiben die eigene Person anhand konkreter, zumeist *beobachtbarer Eigenschaften*, die sich neben Besitztümern („Ich habe ein Fahrrad") oder Vorlieben („Ich mag Spaghetti mit Tomatensoße") in der Regel auf körperliche Merkmale („Ich habe braune Haare"), körperliche und kognitive Fähigkeiten („Ich kann schnell laufen" oder „Ich kann bis 20 zählen"), soziale Beziehungen („Meine Eltern lieben mich") und psychische Zustände („Ich bin nur manchmal traurig") erstrecken. Während *Jungen im Vorschulalter* nach Harter (2012) dazu neigen, sich anhand von Aktivitäten und Fähigkeiten zu beschreiben, umfassen die *Selbstkonzepte von Mädchen* eher soziale („Ich spiele oft mit meinen Freundinnen") und emotionale Aspekte („Ich freue mich immer sehr, wenn meine Oma zu Besuch kommt").

Charakteristisch für die Selbstbeschreibungen in diesem Alter sind *Einschätzungen einzelner Merkmale oder Fähigkeiten* (z. B. weit springen zu können, schnell laufen zu können), die noch nicht verbunden und zu einem übergeordneten Bereich (z. B. sportliche Fähigkeiten) integriert werden können. Entsprechend entwickeln junge Kinder, so Harter und Pike (1984), noch keine Vorstellungen im Sinne eines generellen Selbstkonzepts oder des Selbstwerts. Diese Einschätzung ist allerdings umstritten, da Marsh et al. (1991) empirische Hinweise fanden, dass bereits 5-Jährige zu solchen globalen Einschätzungen in der Lage sind. Allerdings kommt es jungen Kindern kaum in den Sinn, gleichzeitig günstige und ungünstige Eigenschaften oder Fähigkeiten zu besitzen (Lohaus und Vierhaus 2019), also eine Balance zwischen eigenen *Stärken und Schwächen* zu finden. Schließlich fallen die Selbsteinschätzungen von Vorschulkindern ausgesprochen unrealistisch aus, indem sie sich ausgeprägt hohe Fähigkeiten attestieren und enorme Naivität zeigen.

Naiv-optimistische Selbsteinschätzungen im Kindesalter

Ein anschauliches Beispiel für die typisch kindlichen, *naiv-optimistischen Selbsteinschätzungen* bieten Lohaus und Vierhaus (2019, S. 214): „Als die enttäuschten Fans nach dem Abstieg von Arminia Bielefeld aus der ersten Bundesliga ins Stadtzentrum gelangt waren, machte sich auch auf dem zeitgleich stattfindenden Stadtfest eine gedrückte Stimmung breit. Ein Fan schenkte einem 5-Jährigen sein gesamtes Fan-Equipment, woraufhin der Junge aufmunternd sagte: ‚Ich kann super Fußball spielen. Das nächste Mal, wenn Bielefeld spielt, spiele ich mit und dann machen wir 20 Tore, okay?!'" ◄

Ein wesentlicher Grund für diesen *naiven Optimismus* bestehe, so Harter (2012), darin, dass das Vorschulkind nicht zwischen einem angestrebten und einem aktuellen Selbstkonzept unterscheiden könne: „Jüngere Kinder scheinen zu denken, dass sie tatsächlich so sind, wie sie sein wollen" (Siegler et al. 2005, S. 411). Zudem ist in diesem Alter die kognitive Fähigkeit noch nicht ausgebildet, sich mit anderen *Kindern zu vergleichen*. Sie sind offensichtlich noch nicht in der Lage, das Konzept ihrer eigenen Leistungsfähigkeit mit den Leistungen anderer in Beziehung zu setzen, verfügen also noch nicht über die *Kompetenz zu sozialen Vergleichen* (vgl. hierzu näher Abschn. 4.3.1).

Auch sind ihre Fähigkeiten noch begrenzt, ihre *gegenwärtigen Leistungen* in ein Verhältnis zu ihren früheren Leistungen zu setzen. Nicht zuletzt wegen der, für diesen Altersabschnitt typischen, vergleichsweise raschen Zunahme körperlicher Fähigkeiten, sind entsprechende Veränderungen recht auffällig und können z. B. von 3-Jährigen für ihr Selbstbild genutzt werden, sofern es sich um einen

4.1 Entwicklung des Selbstkonzepts im Prozess des Aufwachsens 77

überschaubaren Zeitraum handelt. Das für komplexere temporale Vergleiche (Abschn. 4.3.2) notwendige autobiografische Gedächtnis entwickelt sich offenbar erst mit etwa vier Jahren (Lohaus und Vierhaus 2019).

Allerdings schlägt sich wohl in der Bewältigung aktueller Herausforderungen die typische Überschätzung eigener Leistungsfähigkeit deutlicher nieder als erste temporale Vergleiche, denn Vorschulkinder sind häufig selbst nach *mehreren missglückten Versuchen*, eine Aufgabe zu lösen, immer noch davon überzeugt, es beim nächsten Versuch zu schaffen (Siegler et al. 2005, S. 411). Offenkundig ist in diesem Alter auch die Fähigkeit zur Perspektivenübernahme noch nicht hinreichend ausgeprägt, sodass sie gar nicht erwägen, dass ihre überoptimistischen Fähigkeitsselbstbilder beim (erwachsenen) Gegenüber Zweifel wecken könnten.

Diese oben skizzierten Entwicklungsmerkmale dürfen allerdings nicht primär als Defizite oder Beschränkungen verstanden werden. So macht Harter (2012) nachdrücklich darauf aufmerksam, dass die auf den ersten Blick als begrenzend gedeuteten Kompetenzen einen *schützenden Charakter* im Hinblick auf die kindliche Entwicklung besitzen; denn in einem Lebensabschnitt, in dem das Kind mit sehr vielen und nicht immer sofort oder leicht zu bewältigenden (Entwicklungs-) Aufgaben konfrontiert ist, verhindern unrealistisch positive, homogene Selbstbilder, dass das Kind die Zuversicht verliert, diese Herausforderungen erfolgreich zu bewältigen. Die „begrenzten" Fähigkeitseinschätzungen besitzen in diesem Altersbereich also eine *positive adaptive Funktion* und wirken eher im Sinne von Stärken, als motivierende Faktoren, das eigene Aufwachsen günstig zu gestalten.

Im Verlauf des Grundschulalters, insbesondere ab etwa dem *achten Lebensjahr*, entwickeln sich die kognitiven wie sozialen Fähigkeiten der Kinder weiter und schlagen sich auch in ihren Selbstkonzepten nieder. Zwar greifen Kinder immer noch auf Beschreibungen ihrer kognitiven und körperlichen Fähigkeiten zurück oder neigen anfänglich noch zu naiven Überschätzungen, sie entwickeln aber gleichzeitig schrittweise ein zunehmend *abstrakteres Verständnis von Kompetenzen und Eigenschaften*. Es zeigt sich, zunächst noch ansatzweise, die Fähigkeit, zuvor noch fragmentierte Vorstellungen über eigene Kompetenzen und Merkmale allmählich zu kombinieren und zu einem *bereichsspezifischen Selbstkonzept zu integrieren*. So gelingt es dem Kind nun, die Selbstbeobachtungen, z. B. schnell laufen, hoch und weit springen, fest und zielgenau werfen zu können, zu bündeln und in einem Selbstkonzept sportlicher Fähigkeiten zu integrieren (Harter 2012). Ältere Kinder können dann einerseits Erfahrungen und Selbsteinschätzungen in *verschiedenen Lebenskontexten* besser gegeneinander abgrenzen, andererseits aber auch über Lebensbereiche hinweg verknüpfen. Nicht zuletzt vor dem Hintergrund des Schulbesuchs können Kinder nun besser auf soziale und temporale Vergleiche zurückgreifen und ziehen diese vor allem für ihre Fähigkeitsselbstbilder immer öfter heran. Besonders die Fähigkeit und der Rückgriff auf soziale Vergleiche liefern eine plausible Erklärung für die typisch sinkende Tendenz mehrerer bereichsspezifischer Selbstkonzepte im Verlauf der Grundschule (Abschn. 2.2.2). Ferner sind sich ältere Kinder auch deutlicher ihrer eigenen *Stärken und Schwächen* bewusst und können diese nebeneinander in ihr Selbstkonzept integrieren, sodass sie über entsprechend differenzierte domänenspezifische Selbstkonzepte verfügen („In Mathematik gehöre ich zu den Besten der Klasse, aber im Sport bin ich nicht so gut"). Letztlich besitzen Kinder etwa gegen *Ende der Grundschulzeit* in der Regel ein Maß an kognitiven Kompetenzen, das ihnen „die Konstruktion umfassenderer Ansichten über sich selbst und eine umfassende Bewertung der eigenen Person" (Siegler et al. 2005, S. 412) erlaubt. Daher verfügen die älteren Kinder nun auch über generalisierte Vorstellungen von der eigenen Person, also ein *generelles Selbstkonzept* und Einschätzungen ihres Selbstwerts.

▶ **Literaturtipp** Harter, S. (2012). *The construction of the self: Developmental and sociocultural foundations* (2. Aufl.). New York, NY: Guilford Press.

Susan Harter bietet hier eine sehr gelungene Darstellung der Entwicklung des Selbst von der frühen Kindheit bis ins junge Erwachsenenalter. Sie erläutert ausgesprochen anschaulich, wie sich die Selbstwahrnehmung von den Anfängen im Säuglingsalter bis hin zum komplexen mehrdimensionalen Selbstkonzept wandelt.

Parallel zu kognitiven Entwicklungen gewinnen beschreibende und bewertende Äußerungen anderer Personen, verstärkt auch von Gleichaltrigen, zunehmend an Bedeutung: einerseits quantitativ, weil die *Zahl der Informationsquellen* sich vergrößert, andererseits qualitativ, weil die Fähigkeit zunimmt, die Güte und Relevanz dieser Informationen zu beurteilen (Hannover und Greve 2018). Daher weichen die anfänglich unrealistisch positiven Selbsteinschätzungen sukzessive und gehen in deutlich *realistischere Fähigkeitsselbstbilder* über. Damit verknüpft gelingt es Kindern zunehmend, zwischen gegenwärtigen und wünschenswerten Selbstkonzepten zu unterscheiden.

Im Verlauf des *Jugendalters* wandeln sich die Vorstellungen von der eigenen Person, vor allem im Zuge der Pubertät und den damit verbundenen körperlichen wie psychosozialen Veränderungen, mehr oder weniger gravierend. Dies hängt

4.1 Entwicklung des Selbstkonzepts im Prozess des Aufwachsens

wesentlich mit dem *kognitiven Vermögen* zusammen, abstrakt(er) zu denken. Jugendliche entwickeln zunehmend die Fähigkeit, aus einer Vielzahl *konkreter* Erfahrungen und Verhaltensweisen auf *abstrakte* Eigenschaften zu schließen. Im Zusammenhang mit der Verbesserung der sprachlichen Fähigkeiten bilden Jugendliche daher im Ergebnis einerseits differenzierte und andererseits strukturierte bereichsspezifische Selbstkonzepte aus, wie auch ein aggregiertes generelles Konzept der eigenen Person (Selbstwertgefühl). Hierfür spielt auch die *wachsende Fähigkeit zur Perspektivenübernahme* eine gewichtige Rolle. Spätestens in der Adoleszenz ist der Heranwachsende in der Regel in der Lage zu erkennen, „dass sowohl (er) selbst als auch der jeweils andere die eigene und die Perspektive der jeweils anderen Person gleichzeitig berücksichtigen kann" (Hannover und Greve 2018, S. 565).

Neben dieser Fähigkeit, die Perspektiven wechselseitig zu verknüpfen, stellt sich spätestens etwa zu *Beginn der Adoleszenz* die Fähigkeit ein, nicht nur die Perspektive konkreter Personen zu antizipieren, sondern auch *generalisierte, symbolisch vermittelte gesellschaftliche Perspektiven* stärker in die Wahrnehmung zu integrieren. Im Fokus stehen dabei insbesondere die *Perspektiven der Gleichaltrigen*, sodass vor allem die soziale Akzeptanz bei Peers, aber auch die eigenen sozialen Kompetenzen in den Mittelpunkt der Aufmerksamkeit rücken und das soziale Selbstkonzept speisen. Nicht selten sind Jugendliche daher mehr oder weniger häufig damit beschäftigt, sich darüber Gedanken zu machen, was und wie andere – vor allem Gleichaltrige – über sie denken (Siegler et al. 2005, S. 412). Die im Jugendalter bemerkenswerte *gesteigerte Selbstaufmerksamkeit* (Harter 2012), die in der mittleren Adoleszenz ihren Höhepunkt findet (Siegler et al. 2005 , S. 413) und als mittelbare Folge der puberalen Veränderungen interpretiert werden kann, mündet oft in widersprüchliche Wahrnehmungen der eigenen Person, die um die Frage „Wer bin ich?" kreisen.

Die in Abb. 4.1 schematisch dargestellte Entwicklung von *widersprüchlichen Selbstwahrnehmungen* mag eine Erklärung für die typischen Verlaufsmuster einiger bereichsspezifischer Selbstkonzepte im Jugendalter bieten, die episodisch ungünstige Selbsteinschätzungen in der 8. und 9. Klassenstufe zeigen (Abb. 2.7).

Die skizzierte Widersprüchlichkeit von Selbsteinschätzungen weist auch darauf hin, dass 15- oder 16-Jährige offenbar noch nicht über die *kognitive Fähigkeit* verfügen, dennoch ein kohärentes Selbstkonzept auszubilden. Erst gegen *Ende des Jugendalters* bzw. als junge Erwachsene gelingt eine stärkere Integration divergenter Selbstwahrnehmungen, und die Selbstkonzepte werden weniger durch Einschätzungen anderer Personen beeinflusst (Siegler et al. 2005, S. 413).

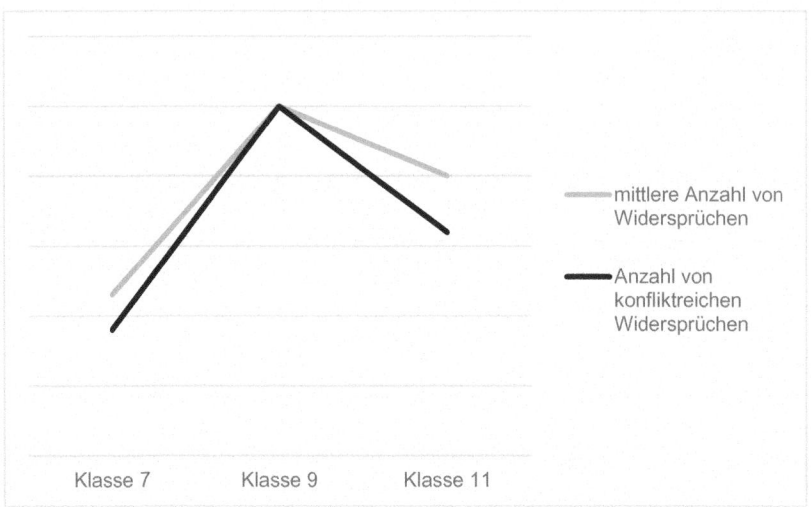

Abb. 4.1 Häufigkeit von widersprüchlichen Selbstwahrnehmungen im Verlauf der Adoleszenz. (Eigene schematische Darstellung nach Harter und Monsour 1992, S. 255)

4.2 Quellen des Selbstkonzepts

Obgleich in der Forschung im Detail recht viele unterschiedliche Definitionen zu finden sind, was genau man unter dem Selbstkonzept versteht, kann es zunächst vor allem mit Blick auf das Wissen einer Person charakterisiert werden. In diesem Sinn handelt es sich beim Selbstkonzept um die Gesamtheit „des vergleichsweise zeitstabilen Wissens über die eigene Person" (Hagemann et al. 2023, S. 495, in Anlehung an Filipp 1979), das sowohl eine Vielzahl beschreibender (deskriptiver) Elemente umfasst, aber auch bewertende (evaluative) Bestandteile enthält. So könnte eine Leserin dieses Lehrbuchs dieses deskriptive Selbstbild besitzen: „Ich studiere Sport, habe seit zwei Jahren einen Freund, der auch hier auf Lehramt studiert, und singe ziemlich regelmäßig im Chor." Da *deskriptive Einschätzungen* aber immer das Selbst der eigenen Person betreffen, sind die deskriptiven Elemente sehr häufig mit *evaluativen* verschränkt. Also könnte unsere Sportstudentin auch ergänzen: „Ich habe mein Studium gewählt, weil ich sportlich ziemlich gut bin, Singen kann ich nur mittelmäßig, habe aber Spaß daran. Im Moment bin ich nicht so zufrieden, weil die Beziehung zu meinem Freund mehr schlecht als recht läuft."

4.2 Quellen des Selbstkonzepts

Das deskriptive und evaluative Wissen über sich selbst entsteht nach der gedächtnispsychologischen bzw. informationstheoretischen Argumentation von Filipp (1979) in *vier Phasen* und auf der Grundlage von fünf verschiedenen (idealtypischen) Quellen. Die für das Selbstkonzept bedeutsamen Informationen müssen zunächst wahrgenommen und in der Fülle der Informationen identifiziert werden (Vorbereitungsphase der Diskrimination), mit denen Menschen konfrontiert sind. In einem zweiten Schritt werden die herausgefilterten Informationen ausgewählt und weiterverarbeitet, indem sie in bereits vorhandene Schemata integriert werden (Aneignungsphase der Encodierung). Darauf folgt die Speicherungsphase, in der die auf das eigene Selbst bezogene Information im Gedächtnis als neues Schema gespeichert wird, um dann bei Bedarf abgerufen zu werden (Erinnerungsphase).

Für die Herausbildung des Selbstkonzepts kann, wie gesagt, auf *fünf unterschiedliche Quellen* zurückgegriffen werden, die analytisch unterscheidbar sind, lebensweltlich aber ineinandergreifen können:

Eine wesentliche Rolle bei der Gewinnung selbstbezogener Informationen spielt die Fähigkeit, das eigene Verhalten und Handeln zu beobachten und daraus auf spezifische Merkmale der eigenen Person (Einstellungen, Eigenschaften, Kompetenzen, Gewohnheiten u. ä.) zu schließen. Derartige Selbstbeobachtungen werden als *reflexive Prädikaten-Selbstzuweisungen* bezeichnet („Auch wenn ich mal keine Lust habe, bin ich immer rechtzeitig bei der Chorprobe, also bin ich zuverlässig").

Eine weitere damit verbundene Quelle des Selbstwissens geht aus dem Nachdenken über zurückliegendes Handeln hervor, das mit zukünftigem Verhalten verknüpft werden kann. Sogenannte *ideationale Prädikaten-Selbstzuweisungen* (also etwa: nachträglich bewusst werdende Selbstinformationen) heben darauf ab, dass Menschen in der Lage sind, zurückliegende Erfahrungen gedanklich wieder aufzurufen. Diese Aktivierung kann dann als Basisinformation dienen, um ergänzende, neue Konstruktionen des Wissens über die eigene Person herzustellen („Wenn ich an meine bisherige sportliche Karriere vor dem Studium denke, ist klar, dass mich Misserfolge nicht aus der Bahn werfen werden").

Direkte Prädikatenzuweisungen durch andere Personen bilden die dritte Quelle selbstbezogenen Wissens. In der Lebensgeschichte eines jeden Menschen sind unschwer zahlreiche und vielfältige Situationen zu identifizieren, in denen andere Personen die Merkmale, Fähigkeiten oder Eigenschaften eines Menschen einschätzen und ihn dies auch wissen lassen. Eltern, die dem Kind versichern, es hätte ein ganz großartiges Bild gemalt, Lehrkräfte, die eine Schulleistung auf Fleiß oder Faulheit zurückführen, Gleichaltrige, die ihre Peers wissen lassen, ob sie „cool" oder „uncool" seien, die Trainerin, die einer Athletin „Trainingsfaulheit" oder mangelnden Ehrgeiz vorhält, Vorgesetzte, die ihren Mitarbeitern eine ausgezeichnete berufliche Leistung attestieren, oder die Ärztin, die ihrem älteren Patienten versichert, er verfüge über eine altersgemäß bemerkenswerte Fitness, mögen Beispiele für solche direkten Merkmalszuweisungen und Einschätzungen sein. Allerdings münden solche *direkt vermittelten* Einschätzungen und Urteile *nicht unmittelbar* in selbstbezogene Repräsentationen.

Auch können *indirekte Prädikatenzuweisungen durch andere Personen* eine wichtige Quelle für selbstbezogene Informationen bilden. Immer wenn sich Personen im Zusammenhang mit anderen in einer bestimmten Art und Weise verhalten (oder auch: nicht verhalten), werden intentional oder unbeabsichtigt Einschätzungen oder Urteile transportiert, ohne dass sie explizit ausgesprochen werden müssen. Aus dem *wahrgenommenen Verhalten* kann das Individuum indirekt auf diese Merkmalszuweisungen schließen. Sucht z. B. eine Schülerin wiederholt Unterstützung oder Rat bei einem Mitschüler, so scheint es plausibel, dass erstere ihn für kompetent und hilfsbereit hält. Der komplexen Transformation von indirekten Prädikatenzuweisungen liegen dabei nach Filipp (1979, S. 135) „doppelte Inferenzleistungen" zugrunde: Das Individuum muss einerseits das Verhalten des Interaktionspartners, seine Intentionen, Einstellungen etc. verknüpfend beobachten und eine „Botschaft" ableiten, andererseits muss es von dieser Information wiederum auf selbstbezogene Merkmale schließen.

Informationen, die man anhand eines Vergleichs mit anderen Personen gewinnen kann, werden als *komparative Prädikaten-Selbstzuweisungen* bezeichnet. Diese Quelle des Selbstkonzepts beruht auf der menschlichen Neigung, sich in einem mehr oder weniger aktiven Prozess hinsichtlich bestimmter Merkmale mit anderen zu vergleichen („Ich spiele besser Tennis als die meisten in meinem Verein"). Diese vergleichenden Prozesse spielen natürlich auch bei den Einschätzungen durch andere Personen, also direkten und indirekten Prädikatenzuweisungen, eine Rolle.

4.3 Vergleichsprozesse

Da das Selbstkonzept und seine Facetten aus Wahrnehmungen und Erfahrungen in der Lebenswelt hervorgehen, die jeweils mit Bewertungen verknüpft werden, stellt sich die Frage, welche *Maßstäbe* für diese Einschätzungen und Bewertungen herangezogen werden. In der Selbstkonzeptforschung finden sich hierzu besonders viele hochwertige Veröffentlichungen, die z. B. Zusammenhänge zwischen den tatsächlich erzielten schulischen Leistungen (z. B. im Deutsch- oder Mathematikunterricht) und den entsprechenden Fähigkeitsselbstkonzepten untersucht haben.

4.3 Vergleichsprozesse

Daher orientiert sich die Darstellung zunächst an den Ergebnissen dieser Forschung und überträgt diese dann auf das Feld des Sports.

Vorab ist allerdings festzuhalten, dass Fähigkeitsselbstkonzepte *nicht als exakte Widerspiegelung* der tatsächlich erzielten Leistungen und Fähigkeiten verstanden werden dürfen (Möller und Trautwein 2020). So kann ein Schüler, der eher zu den Leistungsschwachen seiner Klasse im Mathematikunterricht gehört, dennoch der Ansicht sein, eine mathematische Begabung zu besitzen. Und umgekehrt mag eine Schülerin glauben, sie sei nicht sportlich talentiert, obwohl sie zu den drei Besten ihres Jahrgangs im Sportunterricht gehört.

Grundsätzlich kann die Bewertung einer Erfahrung nur dann vorgenommen werden, wenn sie mit einem bestimmten *Maßstab oder Standard* verglichen wird – eine Bewertung oder Einschätzung geht also aus Vergleichsprozessen mit einem Standard hervor.

Im Altersverlauf gehen die ersten Einschätzungen eines Kindes aus *einem kriterialen Vergleich* hervor, indem es darüber urteilt, ob es eine bestimmte Fähigkeit beherrscht („Ich kann schon bis zehn zählen", „Ich kann gut klettern"). Es vergleicht sich also im Hinblick auf eine bestimmte Leistung oder Fähigkeit (Kriterium) und schätzt ein, ob diese beherrscht wird. Dabei ist davon auszugehen, dass die Erfahrung von wiederholt gezeigten Leistungen zunächst zu groben qualitativen Einschätzungen (kann ich – kann ich nicht; gut – schlecht) führt. Darüber hinaus dürften elterliche Rückmeldungen differenziertere graduelle Selbsteinschätzungen unterstützen. Im weiteren Verlauf der kognitiven und sozialen Entwicklung des Kindes werden allerdings weitere Formen von Vergleichsprozessen bedeutsam.

Die bekanntesten und maßgeblichen Vergleichsprozesse im Hinblick auf die Einschätzung von eigenen Fähigkeiten basieren einerseits auf Vergleichen mit anderen Personen („Ich kann schneller laufen als viele andere in meiner Klasse") und andererseits auf einem Abgleich mit zurückliegenden eigenen Erfahrungen („Ich kann jetzt schneller laufen als letztes Jahr"). Diese beiden Formen werden als *soziale* und *temporale* Vergleichsprozesse bezeichnet, für die entsprechende Theorien sozialer (social comparison theory; Festinger 1954) und temporaler Vergleiche (temporal comparison theory; Albert 1977) vorliegen.

Um die eigenen Fähigkeiten oder Leistungen einzuschätzen, kann eine Person also auf andere Personen als Maßstab zurückgreifen (personexterner oder interindividueller Vergleich), oder sie wählt als Maßstab vorhergehende selbstbezogene Informationen (personinterner oder intraindividueller Vergleich). In der jüngeren Forschung ist darüber hinaus deutlich geworden, dass neben diesen beiden grundsätzlichen Vergleichsprozessen auch weitere *interne Vergleiche* wirksam werden, bei denen eine Person nicht vorhergehende eigene Erfahrungen heranzieht, son-

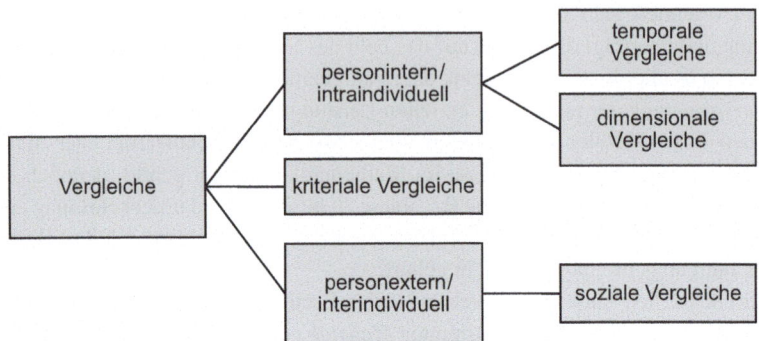

Abb. 4.2 Typologie von Vergleichsprozessen. (Eigene Darstellung)

dern Leistungen auf einem anderen Gebiet als Maßstab dienen („Ich bin in Deutsch besser als in Mathe"). Derartige intraindividuelle Prozesse werden als *dimensionale* Vergleiche bezeichnet und in der Theorie dimensionaler Vergleiche (dimensional comparison theory; Möller und Marsh 2013) näher beschrieben (Abb. 4.2).

Vergleichsprozesse sind häufig mit *verschiedenen Motivationen* verbunden (Möller und Marsh 2013): Neben der generellen Tendenz, etwas über sich selbst, seine Stärken und Schwächen zu erfahren (self-evaluation), dienen Vergleiche auch dazu, das eigene Selbstbild aufrechtzuerhalten (self-maintenance) oder zu erhöhen (self-enhancement) oder die eigenen Leistungen und Fähigkeiten (und weniger das Fähigkeitsselbstbild) zu verbessern (self-improvement). Vergleichsprozesse können sich aber auch mehr oder weniger unbewusst einstellen – also nicht auf Motivationen zurückgehen –, wie Wolff et al. (2020) in ihrer Studie an Schülern der 10. und 11. Klasse im Hinblick auf soziale und dimensionale Vergleiche zeigen konnten.

Festzuhalten ist auch, dass die analytisch (also logisch gedanklich) unterscheidbaren Formen von Vergleichen in der *alltäglichen Lebenswelt* häufig parallel und vermischt vorkommen. Am Beispiel aus dem Schulalltag lässt sich dies gut zeigen: Angenommen die letzte Klassenarbeit einer RealsSchülerin, nennen wir sie Lea, in Mathematik wurde mit der Note 2 zensiert. Lea könnte nun diese Note mit dem Klassendurchschnitt von 2,9, aber auch mit schlechter beurteilten Mitschülern vergleichen und käme wohl zu einer eher guten Bewertung ihrer Leistung. Wenn sie aber an das Ergebnis ihrer letzten Mathearbeit denkt – Lea hatte damals knapp eine 1 verfehlt –, käme sie vielleicht zu einer anderen, etwas schlechteren Einschätzung. Und schließlich könnte Lea darüber hinaus die aktuelle Mathenote ins Verhältnis zu ihrer Zensur in der letzten Deutscharbeit setzen – sie hatte eine 3 bekommen – und ihre Mathematikleistung wieder etwas positiver sehen und letztlich ziemlich zufrieden sein.

4.3.1 Soziale Vergleiche

Da soziale Vergleiche mit anderen Personen immer dann auftreten, wenn eine Person ihre Leistungen, Fähigkeiten, Meinungen oder andere Merkmale mit den Leistungen, Fähigkeiten, Meinungen oder weiteren Merkmalen anderer Personen in Relation setzt, basieren die Vergleiche auf einem *(person-)externen Vergleichsmaßstab*. Die *motivationale Funktion* von sozialen Vergleichen ist zunächst auf den Schutz und Fortbestand des Selbst ausgerichtet, kann aber auch mit der Weiterentwicklung und Stärkung des eigenen Selbstbilds sowie der Steigerung der Leistungen (und weniger des Fähigkeitsselbstbilds) verknüpft sein (Möller und Marsh 2013, S. 545). Weil solche Vergleiche vor allem der Erhaltung oder Erhöhung des eigenen Selbstkonzepts dienen, tendieren Menschen dazu, sich mit solchen *Personen* zu vergleichen, die ihnen weitgehend *ähnlich* sind. Bereits Festinger (1954) betonte, dass soziale Vergleiche dann umso nützlicher sind, wenn Personen als soziale Vergleichsmaßstäbe herangezogen werden, die möglichst ähnliche Merkmale aufweisen, die für den jeweiligen Bewertungsbereich bedeutsam sind (z. B. Alter oder Geschlecht, Schulform oder -klassenzugehörigkeit). Für eine Realschülerin der 7. Klasse bietet der Vergleich ihrer Leistungen im Fach Deutsch mit denen ihrer Klassenkameradinnen eine genauere (Selbst-)Einschätzung als ein Vergleich mit der älteren Schwester oder mit ehemaligen Mitschülerinnen, die nun die Hauptschule oder das Gymnasium besuchen.

So ist es auch unmittelbar nachvollziehbar, dass Heranwachsende ein genaueres Bild ihrer sportlichen Leistungen erhalten, wenn sie diese mit denen anderer Kinder oder Jugendlichen vergleichen, die ungefähr im *gleichen Alter* sind und das *gleiche Geschlecht* besitzen. Setzt etwa eine 15-jährige, ambitionierte Tennisspielerin ihre Leistungen mit denen eines 10-jährigen Anfängers oder mit denen einer erwachsenen Spielerin der Top Ten der Weltrangliste in Relation, dürften die so gewonnenen Einschätzungen deutlich weniger zutreffende Informationen enthalten und weniger wertvoll sein.

Insbesondere im Hinblick auf das Selbstkonzept der sportlichen Leistungsfähigkeit, aber auch der körperlichen Attraktivität, ist der Vergleich mit Geschlechtsgenossen in einem ähnlichen Altersbereich über die *gesamte Lebensspanne* besonders bedeutsam, denn die körperlichen Entwicklungen setzen im Verhältnis zu kognitiven und sozialen Veränderungen lebensgeschichtlich recht früh ein und sind auch im Alltag häufig deutlich wahrnehmbar. Somit werden ältere Menschen von z. B. 60 Jahren dann genauere Informationen über ihre eigenen sportlichen Leistungen erhalten, wenn sie sich mit Personen des eigenen Geschlechts in einem ähnlichen Altersbereich vergleichen und nicht mit 25-Jährigen des eigenen oder des anderen Geschlechts.

▶ **Soziale Vergleiche** Soziale Vergleiche beruhen darauf, dass eine Person die eigenen Merkmale, also z. B. Fähigkeiten, Leistungen oder Einstellungen, mit den Merkmalen anderer, z. B. im Hinblick auf Alter und Geschlecht, ähnlicher Personen vergleicht. Es handelt sich also um *interindividuelle* Vergleiche.

Auch wenn für soziale Vergleiche Menschen mit zunächst ähnlichen Merkmalen herangezogen werden, eröffnet sich ein doch beträchtliches Spektrum, welcher Personenkreis genau als Maßstab in Betracht kommt. In diesem Zusammenhang lassen sich zunächst *nahe und ferne soziale Kontexte* bzw. Bezugsgruppen unterscheiden. Im Hinblick auf Heranwachsende ist zu den nahen sozialen Kontexten im Rahmen von schulischen Fähigkeitsselbstbildern vor allem die Schulklasse zu zählen, während die (erweiterte) Familie und der Freundeskreis fernere Sozialkontexte bilden, denn unter der Prämisse der Ähnlichkeit der als Maßstab dienenden Personen zeichnet sich die jeweilige Schulklasse dadurch aus, dass alle Mitglieder das gleiche Lernangebot erhalten haben. Freunde oder in etwa gleichaltrige Verwandte mögen im Hinblick auf ihr Alter und Geschlecht recht ähnlich sein, erwerben und demonstrieren ihre schulische Leistungsfähigkeit aber unter anderen unterrichtlichen Bedingungen.

Während im Zusammenhang mit schulischen Fähigkeitsselbstkonzepten weiter entfernte Personen kaum als Vergleichsmaßstab in Betracht kommen, stellt sich die Situation im Rahmen des Selbstkonzepts der sportlichen Fähigkeiten, der Attraktivität sowie des sozialen Selbstkonzepts mehr oder weniger deutlich anders dar, da für die Einschätzungen der sportlich-körperlichen Fähigkeiten nicht nur der Sportunterricht eine Rolle spielen dürfte, sondern häufig auch die eigene Sportgruppe im Verein oder in informellen Arrangements (z. B. in Skateanlagen oder auf dem Bolzplatz) sowie Heranwachsende, auf die man in Wettkämpfen oder Meisterschaftsspielen trifft. Diese letzteren, eher *fernen, sozialen Kontexte* dürften auch im Hinblick auf das Selbstkonzept der Attraktivität beträchtliche Relevanz besitzen.

Darüber hinaus bieten vor allem *mediale Darstellungen und Körperpräsentationen* besondere Vergleichsmaßstäbe für die entsprechenden Selbsteinschätzungen der Attraktivität, wobei sich die Hinweise verdichten, dass vornehmlich *digitale Medien* in diesem Zusammenhang eine immer wichtigere Rolle spielen. Die intensivierte Nutzung digitaler Medien, insbesondere sozialer Netzwerke, ist wohl auch dafür verantwortlich, dass Vergleiche hinsichtlich des sozialen Selbstkonzepts nicht mehr nur auf die unmittelbaren sozialen Kontexte zurückgehen, sondern die eigenen Sozialbeziehungen etwa zu Gleichaltrigen auch im Horizont einer Vielzahl digitaler Selbstpräsentationen, z. B. in Gestalt der Anzahl von Followern oder Likes, eingeschätzt werden (können).

4.3 Vergleichsprozesse

Aber auch wenn man den nahen sozialen Kontext der Schulklasse fokussiert, stehen mehrere weitere Möglichkeiten des sozialen Vergleichs zur Verfügung, denn die 12-jährige Realschülerin kann sich mit Mitschülerinnen vergleichen, die bessere Deutschnoten erzielen, mit solchen, die ähnlich leistungsstark sind, oder mit denen, die schlechtere Leistungen in diesem Unterrichtsfach aufweisen. Diese Überlegung verweist auf die Frage, welche Maßstäbe im Rahmen von sozialen Vergleichsprozessen gewählt werden.

Aus der Schulforschung ist bekannt, dass eine Mehrheit der Schülerinnen und Schüler dazu tendiert, *Mitschüler für einen sozialen Vergleich* zu präferieren, die etwas bessere Leistungen im Unterricht erzielen als sie selbst (Dijkstra et al. 2008). Dieses Muster konnte für das deutsche Schulsystem sowohl für Grundschüler (Dickhäuser und Galfe 2004) als auch für Gymnasiasten (Möller und Köller 1998) empirisch bestätigt werden.

Aus einem derartigen Vergleichsmaßstab, der als *Aufwärtsvergleich* (upward social comparison) bezeichnet wird, resultieren dann in der Regel niedrigere Werte im entsprechenden Fähigkeitsselbstkonzept. Setzt, um im gewählten Beispiel zu bleiben, unsere Realschülerin Lea Note ihrer letzten Klassenarbeit im Deutschunterricht in das Verhältnis zu den Resultaten ihrer drei leistungsstärksten Mitschülerinnen ihrer Klasse, fiele ihr verbales Fähigkeitsselbstkonzept niedriger aus. Diese Neigung zu Aufwärtsvergleichen wird dabei mit dem Wunsch in Verbindung gebracht, aus den Leistungen besserer Mitschüler im Sinne des Modelllernens Hinweise auf eine eigene Leistungsverbesserung zu gewinnen. Solch eine *Motivation zur Steigerung* der eigenen schulischen Leistungen löst also Aufwärtsvergleiche aus, die in der Regel aber einen *gegenteiligen Effekt* im Fähigkeitsselbstbild nach sich ziehen: Aufwärtsvergleiche sind mit einer Tendenz zu geringeren Selbstkonzepteinschätzungen verknüpft.

Wählt ein Schüler allerdings leistungsschwächere Mitschüler für die Einschätzungen seiner eigenen Fähigkeiten, spricht man von einem *Abwärtsvergleich* (downward social comparison). Weil Abwärtsvergleiche zu einem positiveren Fähigkeitsselbstbild führen, wird davon ausgegangen, diese Tendenz sei mit dem Wunsch verknüpft, das *eigene Selbstkonzept zu schützen oder zu stärken*.

Die dritte Möglichkeit, sich mit Schülern gleicher Leistungsstärke zu vergleichen, wird als *horizontaler Vergleich* (lateral social comparison) bezeichnet und nach Lage der Forschung deutlich häufiger als Abwärtsvergleiche und ähnlich oft wie Aufwärtsvergleiche beobachtet (Dickhäuser und Galfe 2004).

▶ **Aufwärts- und Abwärtsvergleiche** Vergleichen sich Personen mit leistungsstärkeren Personen oder besseren eigenen Fähigkeiten zu einem früheren Zeitpunkt bzw. in einer anderen Domäne, handelt es sich um einen Aufwärtsvergleich (upward comparison). Im umgekehrten Fall, also wenn sich Personen mit leistungsschwächeren Personen oder schlechteren eigenen Fähigkeiten zu einem früheren Zeitpunkt bzw. in einer anderen Domäne vergleichen, spricht man von einem Abwärtsvergleich (downward comparison). Aufwärts- und Abwärtsvergleiche sind in der Regel mit *gegenteiligen Effekten* auf das adressierte Selbstkonzept verknüpft: Aufwärtsvergleiche führen zu niedrigeren, Abwärtsvergleiche zu höheren Selbstkonzeptwerten.

Soziale Vergleiche spielen nicht nur in jüngeren Abschnitten der Lebensspanne eine Rolle, sondern können auch unter älteren Menschen beobachtet werden. So stellten Möller und Weber (2001) bei Erwachsenen im Alter von 65 bis 92 Jahren fest, dass soziale Vergleiche im Hinblick auf die Selbsteinschätzungen der körperlichen Fitness und Gesundheit seltener auf Aufwärtsvergleichen basieren, während vor allem Abwärts-, aber auch in geringerem Maße horizontale Vergleiche gewählt wurden.

▶ **Literaturtipp** Möller, J. und Marsh, H.W. (2013). Dimensional comparison theory. *Psychological Review, 120*(3), 544–560.
Jens Möller und Herbert W. Marsh geben in diesem Zeitschriftenbeitrag eine gute und kompakte Übersicht über die verschiedenen Formen von Vergleichsprozessen. Obwohl der Schwerpunkt auf ihrer Theorie dimensionaler Vergleiche liegt, informieren sie auch hinreichend ausführlich über soziale und temporale Vergleiche.

4.3.2 Temporale Vergleiche

Neben interindividuellen gelten *intraindividuelle* (personinterne) Vergleiche als weitere wichtige Maßstäbe, um Einschätzungen der eigenen Fähigkeiten, Meinungen oder Einstellungen zu gewinnen (Möller und Marsh 2013). Besondere Prominenz genießt in diesem Zusammenhang die Theorie temporaler Vergleiche, deren Grundzüge von Albert (1977) entwickelt wurden. Demnach kann eine Person ihre *gegenwärtigen* Leistungen oder Fähigkeiten, z. B. im Mathematikunterricht, in Beziehung zu *früheren* Fähigkeiten und Leistungen in Mathematik setzen. Biografisch zuvor in einem Themengebiet oder Fach erzielte Erfolge oder Misserfolge stellen also hier den zentralen Vergleichsmaßstab dar.

Nach Albert (1977) ist die Wahl eines temporalen Vergleichs mit der *menschlichen Neigung* verknüpft, ein (zeitlich) beständiges und einheitliches Bild von der eigenen Person zu entwickeln und zu pflegen. Im Sinne einer solchen Selbst-

4.3 Vergleichsprozesse

Identität geht es also motivational darum, sich trotz aller Veränderungen der eigenen Person im Zuge von Entwicklung und Alterung als der gleiche Mensch wahrzunehmen und zu empfinden. Diese auf den ersten Blick vielleicht irritierende Überlegung wird nachvollziehbar, wenn wir einerseits das Augenmerk auf einen großen Zeitraum der Lebensspanne richten: Ist es nicht erstaunlich, dass sich ein etwa 60-Jähriger sehr sicher ist, dieselbe Person zu sein, die auf dem Foto seiner Einschulung zu sehen ist und die sich seitdem in vielerlei Hinsicht mehr oder weniger dramatisch verändert hat, z. B. im Hinblick auf Körpergröße und -gewicht, sportliche Leistungsfähigkeit, Aussehen, aber auch Wissen oder Einstellungen?

Auch wenn wir andererseits bestimmte Entwicklungszeiträume der Lebensspanne in den Blick nehmen, in denen sich vergleichsweise rasche und deutliche Veränderungen vollziehen, erweist sich die *Selbst-Identität* durchaus als nicht selbstverständlich: Die heute 15-jährige Realschülerin Lea unseres Beispiels dürfte vor wenigen Jahren an sich selbst bemerkenswerte körperliche Veränderungen im Zuge der Pubertät wahrgenommen haben und mit der Aufgabe konfrontiert worden sein, sich in diesem gewandelten Körper zuhause zu fühlen. Da die puberalen Entwicklungen auch mit sozial und emotional neuen Erfahrungen verknüpft sind, stellt sich Lea verstärkt die Frage nach dem eigenen Selbst, der Kontinuität und Stabilität der eigenen Person im Horizont mehr oder weniger eindrücklicher Veränderungen.

▶ **Temporale Vergleiche** Temporale Vergleiche beruhen darauf, dass eine Person die gegenwärtig wahrgenommenen eigenen Merkmale, also z. B. Fähigkeiten, Leistungen oder Einstellungen, mit den Merkmalen zu einem früheren Zeitpunkt ihrer Lebensgeschichte vergleicht. Es handelt sich also um *intraindividuelle* Vergleiche.

Ähnlich wie im Zusammenhang mit sozialen Vergleichen lassen sich auch im Hinblick auf temporale Vergleiche *nähere und fernere Vergleichskontexte* unterscheiden. Unsere Realschülerin könnte also ihre aktuellen mathematischen Fähigkeiten mit ihren Leistungen in der 8. Klasse des Vorjahres vergleichen oder mit denen in der 4. Grundschulklasse. Die Theorie temporaler Vergleiche nimmt dabei grundsätzlich an, dass Menschen es bevorzugen, den Vergleichsmaßstab in der *näheren Vergangenheit* zu suchen, während größere zeitliche Abstände zwischen aktuellen und früheren Leistungen seltener zu beobachten sind. Dieses Muster ist plausibel, weil kleine zeitliche Distanzen im Gegensatz zu großen Zeitabständen mit geringeren Veränderungen verbunden sind und so eher das Gefühl der *Kontinuität* der eigenen Person unterstützen.

Auch temporale Vergleiche können *sowohl in Richtung von Aufwärts- als auch Abwärtsvergleichen* erfolgen und zu entsprechenden negativen oder positiven Wirkungen auf die Selbsteinschätzungen führen. Die jeweiligen Muster hängen dabei mit unterschiedlichen *lebensgeschichtlichen Abschnitten* und thematischen Feldern bzw. Fähigkeitsdomänen zusammen, auf die sich die Selbsteinschätzungen beziehen.

Aus biografischer oder Entwicklungsperspektive haben wir es grundsätzlich mit Fähigkeitsveränderungen zu tun, die über die Lebensspanne oder in einzelnen Lebensphasen eine Tendenz zu steigenden, zu gleichbleibenden oder sinkenden Fähigkeiten aufweisen. So nehmen die *motorischen Fähigkeiten*, gemessen in Gestalt eines Motorikindexes, idealtypisch von der Kindheit bis etwa zum 25. Lebensjahr bemerkenswert zu, um dann langsam bis ca. zum 50. Lebensjahr zu sinken und nachfolgend etwa zwei Jahrzehnte auf einem Plateau zu verbleiben; erst jenseits von 70 Jahren stellt sich dann eine deutliche Verringerung ein (Willimczik et al. 2006), wobei die individuellen Größenordnungen in der Lebensspanne stark durch körperliches Training beeinflusst werden. Demgegenüber wächst z. B. der Umfang des Wortschatzes von der Kindheit bis zum 70. Lebensjahr mehr oder weniger kontinuierlich an, oder die Kapazität des verbalen und visuellen *Arbeitsgedächtnisses* nimmt bis zum Ende der zweiten Lebensdekade nahezu linear zu und verbleibt dann über mehrere Lebensjahrzehnte im Wesentlichen auf einem ähnlichen Niveau (Hartshorne und Germine 2015).

Im Hinblick auf temporale Vergleiche der eigenen Fähigkeiten bedeutet dies, dass Kinder, Jugendliche und junge Erwachsene vor dem Hintergrund von Wachstums- und Reifungsprozessen in den allermeisten Leistungsbereichen auf eine *Zunahme* ihrer Fähigkeiten und steigende Leistungen zurückblicken können. Demgegenüber sind (ältere) Erwachsene grundsätzlich mit alterstypischen Leistungsverläufen konfrontiert, die stagnierende oder sinkende Tendenzen aufweisen. Idealtypisch sollten also temporale Vergleiche im Kindes- und Jugendalter eher mit einem *Abwärtsvergleich* verknüpft sein, während insbesondere in höheren Lebensaltern verstärkt *Aufwärtsvergleiche* provoziert werden.

Dass sich dieses idealtypische Muster nur in wenigen Fällen andeutet, hängt wohl mit den sich verändernden Anforderungen, insbesondere in der Schule, zusammen. Während Schüler im Verlauf ihrer *Schullaufbahn* schrittweise mehr lernen und wohl auch ihre schulischen Fähigkeiten erweitern, also von einem grundsätzlichen Anstieg der Leistungen auszugehen ist (Köller und Baumert 2008), steigen allerdings auch die Leistungsanforderungen an eine gute Schulnote. Verbunden mit sinkenden motivationalen Orientierungen der Schüler führen steigende schulische Anforderungen daher im Durchschnitt zu sinkenden Schulnoten im Verlauf von der Grundschule bis zum Ende der Sekundarstufe I (z. B. Eccles et al. 1993; Kuhn und Fischer 2011). Dieses Muster ist dabei insbesondere in den kognitiv akzentuierten Schulfächern zu beobachten, während die grundsätzlich etwas besser ausfallende Sportnote sich durchschnittlich nur wenig verschlechtert (Gerlach et al. 2006). Für Grundschüler beobachteten z. B. Dickhäuser und Galfe (2004) eine besonders häufige Neigung zu Aufwärtsvergleichen ihrer mathematischen Leistungen; horizontale oder Abwärtsvergleiche traten demgegenüber deutlich seltener auf.

Darüber hinaus ist der *Bezugsrahmen* auch für temporale Vergleiche im Bereich der Selbstkonzeptfacetten der sportlichen Fähigkeiten wie des Aussehens, aber auch der sozialen Beziehungen zu Peers nicht auf den schulischen Erfahrungsraum beschränkt, sondern umfasst auch soziale Kontexte, wie informelle Gleichaltrigengruppen, den Sportverein oder andere institutionelle (Freizeit-)Angebote. Auch die in ihnen gesammelten Erfahrungen können daher für temporale Vergleiche der eigenen Fähigkeiten, Leistungen, Meinungen oder Einstellungen herangezogen werden und zu horizontalen, Aufwärts- oder Abwärtsvergleichen mit entsprechenden Konsequenzen für die jeweiligen Selbstkonzepteinschätzungen führen.

Wie skizziert sollten in höheren Lebensaltern vor dem Hintergrund der Alterungsprozesse temporale Aufwärtsvergleiche bevorzugt auftreten. Diese Annahme konnten Möller und Weber (2001) im Altersbereich zwischen 65 und über 90 Jahren sowohl für die Selbsteinschätzungen der *geistigen Beweglichkeit* und des *Gedächtnisses* als auch der eigenen körperlichen *Fitness und Gesundheit* bestätigen, denn die Probanden beiderlei Geschlechts wählten zum Großteil (kognitive Fähigkeiten: 51 %; körperliche Fitness: 69 %) Vergleiche, in denen sie ihre aktuellen Fähigkeiten in das Verhältnis zu höheren Leistungen in früheren Lebensabschnitten setzten, sodass sie sich deutlich ungünstigere Fähigkeitsbilder in diesen Bereichen attestierten.

4.3.3 Dimensionale Vergleiche

In der jüngeren pädagogisch-psychologischen Forschung wurde das Augenmerk auch auf einen dritten Typus von Vergleichsprozessen gerichtet und zu einer entsprechenden Theorie dimensionaler Vergleiche verdichtet (Möller und Marsh 2013). Unter dimensionalen Vergleichen werden Einschätzungsprozesse verstanden, die als Maßstab für Fähigkeitsurteile in einem adressierten Leistungsbereich (target domain) Fähigkeiten und Leistungen heranziehen, die aus einer anderen Leistungsdomäne (standard domain) stammen. Dimensionale Vergleiche beziehen sich also – ebenso wie temporale Vergleiche – auf einen personeninternen (intraindividuellen) Bezugsrahmen.

Wenn wir wiederum an unser Beispiel der Realschülerin Lea denken, stellt sich ein dimensionaler Vergleich dann ein, wenn sie etwa ihre schulischen Leistungen in der *Zieldomäne* Biologie mit denen in der *Maßstabsdomäne* Geografie vergleicht („Wie gut bin ich in Biologie im Vergleich zu Geografie?").

Nimmt Lea im Fach Geografie bessere Leistungen und Fähigkeiten wahr als im fokussierten Unterrichtsfach Biologie, ist dies mit einem Aufwärtsvergleich verknüpft und führt in der Regel zu einem niedrigeren biologischen Fähigkeitsselbstbild. Umgekehrt erfährt das Fähigkeitskonzept Geografie aus der Perspektive der schlechteren Biologieleistungen eine Aufwertung. Angenommen, Lea hat im letzten Biologietest ebenso eine 3 erzielt wie ihr Mitschüler Mehmet, aber dieser steht in Geografie auf 4, während Lea auf dem letzten Zeugnis eine 2 erhalten hatte. Ein dimensionaler Vergleich beider Fachleistungen dürfte dann bei Mehmet zu einem günstigeren Fähigkeitsbild in Biologie führen (wegen des Abwärtsvergleichs), bei Lea dagegen zu einem ungünstigeren Fähigkeitsselbstkonzept (wegen des Aufwärtsvergleichs).

▶ **Dimensionale Vergleiche** Dimensionale Vergleiche beruhen darauf, dass eine Person die eigenen Merkmale, also z. B. Fähigkeiten, Leistungen oder Einstellungen, in einer Fähigkeitsdomäne oder einem Lebensbereich mit ihren Merkmalen in einer anderen Fähigkeitsdomäne oder einem anderen Lebensbereich vergleicht. Es handelt sich also um *intraindividuelle* Vergleiche.

Grundsätzlich sind dimensionale Vergleiche in der Regel mit *Kontrasteffekten* zwischen den domänenspezifischen Selbstkonzeptfacetten verknüpft. Daher werden dimensionale Vergleiche auch als „zweischneidiges Schwert" bezeichnet, indem sie tendenziell das Fähigkeitsselbstbild in der Domäne *schlechterer Leistungen senken* und gleichzeitig das Selbstkonzept in der Domäne *besserer Leistungen erhöhen* (Möller und Marsh 2013, S. 546).

Dieses Phänomen stellt also gegenüber sozialen und temporalen Vergleichen ein besonderes Charakteristikum dimensionaler Vergleiche dar, weil mit den Wirkungen auf die Selbstkonzepte im adressierten Leistungsbereich immer auch Effekte auf Fähigkeitseinschätzungen in der als Maßstab dienenden Domäne verknüpft sind. *Aufwärts- und Abwärtsvergleiche* sind so in dimensionalen Vergleichen geradezu aneinandergekettet, sofern mehrere Fähigkeitsselbstkonzepte empirisch untersucht werden. Nach Lage der Forschung zeigt sich auch bei dimensionalen Vergleichen überwiegend eine Neigung zu Aufwärtsvergleichen (Möller und Marsh 2013); so ermittelten Dickhäuser und Galfe (2004) bei Grundschülern eine deutliche Tendenz, ihre (mathematischen) Schulleistungen eher über Aufwärtsvergleiche einzuschätzen als hierfür horizontale und Abwärtsvergleiche heranzuziehen.

Wie eine Studie von Möller und Weber (2001) zeigt, tendieren allerdings *ältere Menschen* dazu, im Hinblick auf ihre kognitive Leistungsfähigkeit vor allem horizontale dimensionale Vergleiche heranzuziehen, während Aufwärts- und Abwärtsvergleiche deutlich seltener bemüht werden. Noch deutlicher wird dieses Muster mit Blick auf die körperliche Fitness und Gesundheit: Kaum ein älterer Mensch bediente sich hier eines Abwärtsvergleichs, während deutlich mehr als die Hälfte der Befragten horizontale und immerhin noch ca. 38 % Aufwärtsvergleiche bevorzugten. Mit diesen Präferenzen waren dabei günstigere Selbsteinschätzungen verbunden, die etwas geringer ausfielen als bei temporalen Vergleichen.

In *motivationaler Hinsicht* scheinen dimensionale Vergleiche bevorzugt mit dem Wunsch verknüpft zu sein, eigene Stärken und Schwächen zu erkennen und ein günstiges Selbstkonzept zu pflegen, aber auch zu positiveren Selbsteinschätzungen zu gelangen und die Stimmung zu verbessern. Insbesondere wird diese Vergleichsform herangezogen, wenn es in der *Schule* darum geht, eine Wahl für ein bestimmtes Unterrichtsfach zu treffen.

Dimensionale Vergleiche ergeben sich aber nicht nur in intentionalen Kontexten, sondern stellen sich auch im *lebensweltlichen Alltag* ein, wie Tagebuchstudien zeigen. Offenbar beschränken sich dimensionale Vergleiche dabei nicht auf die Lebensbereiche der Schule, des Studiums oder des Berufs und damit verbundene Fähigkeitsselbstbilder (Möller und Marsh 2013), sondern erstrecken sich auch auf *soziale Beziehungen* („Mit meiner Schwester komme ich nicht gut klar, aber mit meinem Bruder habe ich ein prima Verhältnis") oder auf die Kombination sehr unterschiedlicher Lebenswelten („In der Uni hänge ich im Moment ziemlich durch, aber in meiner Familie fühle ich mich sehr wohl"), wie Möller und Husemann (2006) beobachten konnten. Auch vor dem Hintergrund der Studienergebnisse von Helm et al. (2017) scheint es plausibel, dass dimensionale Vergleiche auch im Hinblick auf die Selbstkonzepte der sozialen Beziehungen, insbesondere in Richtung der Peers des eigenen und des anderen Geschlechts, wirksam werden (könnten). Allerdings sind entsprechende Fragestellungen in der Forschung bisher offenbar noch nicht intensiver ins Visier genommen worden

Analog zu sozialen und temporalen Vergleichen lassen sich auch im Hinblick auf dimensionale Komparationen *nähere und fernere Vergleichskontexte* unterscheiden. Vor allem im Rahmen von Fähigkeitsselbstkonzepten bilden die jeweiligen institutionalisierten sozialen Lebenswelten von Ausbildung und Beruf nähere Vergleichskontexte, während andere wie Sozialbeziehungen als fernere gelten können. Sofern *fernere Domänen* herangezogen werden, entsteht dabei das (metrische) Problem der Bewertung von Erfahrungen in unterschiedlichen Kontexten: Während für schulische Leistungen und Fähigkeiten mit der Notenskala ein relativ klarer, mehr oder weniger „objektiver" Beurteilungsmaßstab vorliegt, existiert ein solcher für andere Domänen, wie z. B. soziale Beziehungen oder emotionales Befinden, nicht. Möller und Marsh (2013) gehen daher davon aus, dass bei domänenfernen dimensionalen Vergleichen schrittweise subjektive Maßstäbe hervorgebracht werden. Personen entwickeln eine Art von individuellem internem Bezugsrahmen, indem sie ihre Erfahrungen auf einem eher grobkörnigen Kontinuum zwischen „gut" und „schlecht" domänenunspezifisch einschätzen und so vergleichen können (S. 553).

Offenbar steigt die Wahrscheinlichkeit, auf dimensionale Vergleiche zurückzugreifen allerdings, wenn Ziel- und Maßstabsdomäne thematisch eher eng beieinanderliegen. Aber selbst innerhalb *des gleichen sozialen Kontexts* sind wiederum nähere und fernere Fähigkeitsdomänen zu unterscheiden. So zeigt die Forschung weitgehend übereinstimmend, dass in der Schule zumindest eine *mathematisch-naturwissenschaftliche Fähigkeitsdomäne* von einer *verbalen* unterschieden werden muss (Möller und Marsh 2013). In diesem Sinne bestehen zwischen den Leistungen und Fähigkeiten in den Fächern Mathematik, Physik und Chemie auf der einen Seite und Deutsch, Geschichte und Fremdsprachen auf der anderen Seite enge Beziehungen. Zwischen der mathematisch-naturwissenschaftlichen und der verbalen Großdomäne sind die Beziehungen dagegen eher fern. Inwiefern ferne und nahe unterrichtliche Vergleichsdomänen mit schulischen Fähigkeitsselbstkonzepten verknüpft sind und mit welchen Effekten Veränderungen der Selbstbilder einhergehen, wird in Abschn. 2.2 des zweiten Bandes differenziert dargestellt.

Während dimensionale Vergleiche im Hinblick auf kognitiv akzentuierte Schulfächer häufig und differenziert erforscht wurden, ist die *Domäne von Bewegung und Sport* bzw. des *Sportunterrichts* nur am Rande ins Blickfeld gerückt. Im Horizont dimensionaler Vergleiche von Schulfächern ist davon auszugehen, dass Sport im Allgemeinen und Sportunterricht im Besonderen mit anderen Formen von Leistungen und Fähigkeiten verknüpft sind als die intellektuellen oder kognitiv akzentuierten Unterrichtsfächer, denn sportliche Leistungen basieren wesentlich auf körperlichen Fähigkeiten und Fertigkeiten, die meisten Schulfächer aber auf kognitiven Fähigkeiten, Wissen und Fertigkeiten.

Nach allem, was man weiß, wird diese Divergenz auch im alltäglichen Sportunterricht zur Geltung gebracht. Zwar berücksichtigen Sportstunden und Leistungsüberprüfungen, vor allem in der gymnasialen Oberstufe, hin und wieder auch theoretische Anteile, rufen also Wissen und kognitive Fertigkeiten auf, aber der weit überwiegende Großteil des Unterrichts und der Leistungsüberprüfungen

4.3 Vergleichsprozesse

richtet sich auf die *sportliche Praxis*, also die Qualität von sportlichen Bewegungen oder die Verbesserung sportlicher Fähigkeiten.[1] Daher weisen sportliche, aber auch sportunterrichtliche Leistungen und Fähigkeiten gegenüber denen in anderen Schulfächern, aber auch vielen Domänen jenseits des Bildungswesens, dimensional eine eher *große Distanz* auf.

Diese Annahme konnten Chanal et al. (2009) im Hinblick auf mathematische, muttersprachliche und sportunterrichtliche Leistungen auch empirisch deutlich zeigen. So korrelierten die muttersprachlichen und mathematischen Schulleistungen ausgeprägt ($r = 0{,}69$), während sie mit den *sportunterrichtlichen Leistungen* auffällig schwächer (Mathematik: $r = 0{,}19$; Muttersprache: $r = 0{,}15$) zusammenhingen. Demnach erzielt ein Schüler mit guten Noten in Mathematik mit hoher Wahrscheinlichkeit auch gute Noten in Deutsch, aber mit deutlich niedrigerer Wahrscheinlichkeit eine gute Sportzensur. Bemerkenswert ist allerdings, dass die *sportunterrichtlichen Leistungen* schwache, aber positive Zusammenhänge mit den beiden anderen Fachleistungen aufweisen. Dieser Befund widerspricht unverkennbar dem manchmal zu hörenden Vorurteil, sportlich starke Schüler gehörten in den intellektuellen Fächern zu den eher leistungsschwachen, oder gute Schüler in den kognitiv akzentuierten Fächern seien vor allem unter den sportlich Leistungsschwachen zu finden.

Ausgesprochen lose Zusammenhänge beobachtete Marsh (1992) in der Sekundarstufe I zwischen dem *körperlich-sportlichen Fähigkeitsselbstkonzept* und anderen Facetten des *schulischen Selbstkonzepts*, die zur Hälfte deutlich unter $r = 0{,}10$ rangierten (Muttersprache, Mathematik, Fremdsprache) und lediglich im Hinblick auf Geografie und Geschichte schwache Assoziationen von $r \approx 0{,}12$ aufwiesen. Insgesamt gesehen spricht vor dem Hintergrund der wenigen vorliegenden empirischen Befunde kaum etwas für die Annahme dimensionaler Vergleichsprozesse zwischen körperlich-sportlichen Fähigkeiten und intellektuell-kognitiven Leistungen in anderen Schulfächern.

Jenseits der schulischen Fähigkeitskonzepte sind dimensionale Vergleiche vor allem im Hinblick auf das *Körperselbstkonzept* von besonderem Interesse. Ob dimensionale Vergleiche in dieser Facette relevant sind, hängt entscheidend davon ab, wie diese auf der Ebene von *Subfacetten* theoretisch modelliert wird. Geht man von einer Modellstruktur des Selbstkonzepts aus, das Selbstbilder der körperlich-sportlichen Fähigkeiten einerseits und des Aussehens andererseits unterscheidet

---

[1] Dass körperlich-sportlich Praktiken und eben nicht kognitive Anforderungen den Kern des Sportunterrichts aus Sicht der Schülerinnen und Schüler bilden, zeigt die qualitativ-rekonstruktive Studie von Schierz und Serwe-Pandrick (2018) sehr eindrücklich.

(z. B. im Rahmen des SDQ I-III), scheinen mehr oder weniger enge Beziehungen der Selbstbildfacetten plausibel, denn gängige Körper- und Schönheitsideale in modernen (westlichen) Gesellschaften sind jenseits der Gesichtsattraktivität vor allem mit Vorstellungen eines jugendlichen, schlanken, trainierten Körpers nicht nur von Männern, sondern auch von Frauen verknüpft. Allerdings scheint es kaum einsichtig, dass Menschen ihr Aussehen unmittelbar mit ihren sportlichen Leistungen bzw. Fähigkeiten vergleichen. So lagen die Korrelationen zwischen diesen Selbstkonzeptfacetten nach einer Studie von Marsh et al. (1983) bei Jugendlichen in einer mäßigen Größenordnung von r = 0,30, bei 5- bis 8-jährigen Kindern erreichten sie r = 0,40.

Eine feinkörnigere Struktur des *Körperselbstkonzepts* wird angenommen, wenn die Subfacetten auf eine Typologie *(sport-)motorischer Fähigkeiten* (Abschn. 3.2) zurückgehen. So basiert z. B. die Studie von Marsh und Redmayne (1994) auf einer Konzeptualisierung der sportmotorischen Fähigkeiten, die neben der generellen sportlichen Fähigkeit die Dimensionen der Ausdauer, des Gleichgewichts, der Beweglichkeit und der Kraft umfasste. Die Korrelationen zwischen diesen waren überwiegend moderat positiv – sie variieren von r = 0,02 (Gleichgewicht – Schnelligkeit) bis zu r = 0,44 (Schnelligkeit – Ausdauer) –, sodass eine grundsätzliche Relevanz dimensionaler Vergleiche denkbar ist.

Allerdings ist dies bisher in der empirischen Forschung kaum geprüft worden. Lediglich im Rahmen einer experimentellen Studie, die *koordinative Leistungen* und *deren Fähigkeitsselbstbild* fokussierte, konnten Tietjens und Niewerth (2005) beobachten, dass (manipulierte) Misserfolgsrückmeldungen dimensionale Abwärtsvergleiche und damit verbunden etwas positivere Fähigkeitsselbsteinschätzungen unter Sportstudierenden provozieren konnten.

Etwas klarer treten dimensionale Vergleiche innerhalb des sportlichen Fähigkeitsselbstkonzepts hervor, wenn dieses entlang der *Fähigkeiten in verschiedenen Sportarten* konzeptualisiert wird. So ermittelten Tietjens et al. (2005), dass Sportstudierende ihre Leistungen in absolvierten Sportarten zumindest teilweise zueinander ins Verhältnis setzen. Während z. B. die Abschlussnoten in Schwimmen und Leichtathletik mäßig positiv assoziiert waren (r = 0,27), beeinflussten die leichtathletischen Leistungen das Fähigkeitsselbstbild im Schwimmen im Sinne eines Aufwärtsvergleichs moderat negativ (β = − 0,21; siehe Exkurs „Regression"). Negative Effekte, also vermutlich Aufwärtsvergleiche, zeigten sich zudem, indem die Schwimmleistungen das Fähigkeitsselbstbild im Fußball (β = − 0,21) und die Leichtathletikleistungen auch das Selbstkonzept im Basketball (β = − 0,25) ungünstig beeinflussten.

Exkurs: Regression(sanalyse)
Grundsätzlich prüft die Regressionsanalyse, welchen Einfluss eine Variable X (z. B. die Körpergröße) auf eine andere Variable Y (z. B. die Schuhgröße) ausübt. Im Unterschied zur Korrelation wird also ein kausaler Zusammenhang mit einer Wirkungsrichtung theoretisch angenommen. Die einflussausübende Variable ist also unabhängig und wird *Prädiktor* genannt, während die beeinflusste, abhängige Variable als *Kriterium* bezeichnet wird. In welchem Ausmaß sich die Kriteriumsvariable verändert, gibt der unstandardisierte Regressionskoeffizient B (oder b) an (mathematisch: $Y = bX + K_{onstante}$). Wenn sich also die Prädiktorvariable um eine Einheit verändert, verändert sich die Kriteriumsvariable um den Faktor b. Regressionsmodelle können auch mehrere unabhängige Variablen enthalten (multiple Regression), sodass mehrere Koeffizienten ermittelt werden, die aber nur dann verglichen werden können, sofern der standardisierte Regressionskoeffizient β berechnet wird. Positive Koeffizienten zeigen an, dass die Kriteriumsvariable ansteigt, wenn die Prädiktorvariable zunimmt. Ist der Regressionskoeffizient negativ, folgt aus einem Ansteigen der unabhängigen Variable ein Absinken der unabhängigen. Häufig wird auch davon gesprochen, dass der Prädiktor die Kriteriumsvariable in der Größenordnung des Koeffizienten „vorhersagen" kann, ohne dass ein zeitlicher Hintergrund des Zusammenhangs vorliegt. Wie gut ein Regressionsmodell die Kriteriumsvariable „vorhersagen" kann, gibt der sogenannte Determinationskoeffizient (zumeist mit R^2 bezeichnet) an.

4.4 Wie realistisch ist das Selbstkonzept?

Im Hinblick auf die soziale Erwünschtheit ist bereits angeklungen (Abschn. 2.2.3), dass das Selbstkonzept empirisch nicht ohne Verzerrungen zu erfassen ist, weil alle Messungen mit einem mehr oder weniger großen Fehler (Messfehler) behaftet sind. Grundsätzlich spielen derartige Verzerrungen im Zusammenhang mit dem Selbstkonzept nicht so eine große Rolle wie in vielen anderen Forschungsgebieten, denn einerseits stehen für einige Facetten des Selbstkonzepts keine Kriterien bereit, die eine Beurteilung zulassen, ob eine Antwort auf ein Item mehr oder weniger zutreffend ist. So ergibt es keinen Sinn, danach zu fragen, ob eine Einschätzung im Rahmen des Selbstwerts oder des eigenen Aussehens mehr oder weniger „wahr" sei, weil ja gerade die *subjektive Beurteilung* von Interesse ist: „Vielmehr produzieren Individuen dann, wenn sie über ihr ihnen als real erscheinendes Selbstbild Auskunft geben sollen [...], prinzipiell nicht nachprüfbare Urteile über die eigene Person" (Mummendey 1981, S. 213). Andererseits gilt dieses Argument grundsätzlich auch für jene Selbstkonzeptfacetten, die in Relation zu einem Außenkriterium gesetzt werden können, denn in der Selbstkonzeptforschung geht es ja vornehmlich darum, die subjektiven Sichtweisen auf die eigene Person zu untersuchen.

Weil es aber gleichzeitig Ziel vor allem der pädagogisch-psychologischen Forschung ist, *Bedingungen und Wirkungen* des Selbstkonzepts im Zusammenhang etwa mit schulischen Lernprozessen und Leistungen oder mit dem Sportengagement wie der Entwicklung von Heranwachsenden aufzuklären und zu verstehen, ist die Frage der Realitätstreue bereichsspezifischer Selbstkonzepte relevant. Inwieweit trifft es also wirklich zu, wenn sich eine Schülerin attestiert, im Mathematikunterricht zu den Besten ihrer Klasse zu gehören, oder wenn ein 16-Jähriger berichtet, nur über überschaubare sportliche Fähigkeiten zu verfügen?

Dieser Aspekt der Selbstkonzeptforschung wird unter dem Stichwort der *Veridikalität* untersucht und diskutiert, wobei zunächst jene Facetten des Selbstbilds von Interesse sind, die sich auf die eigenen *Fähigkeiten* beziehen. So messen Fragebogen z. B. Kompetenzen in Unterrichtsfächern, so wie sie von den Schülerinnen und Schülern selbst wahrgenommen und eingeschätzt werden. Frühere Studien bis in die 1980er-Jahre kamen zu eher uneinheitlichen Ergebnissen, die im Mittel von schwachen Korrelationen von r = 0,20 bis zu starken Zusammenhängen zwischen dem *schulischen Selbstkonzept* und *schulischen Leistungen* von r = 0,70 reichten (Byrne 1996).

Diese unbefriedigenden Befunde führt Byrne (1996) vor allem darauf zurück, dass die entsprechenden Studien das schulische Selbstkonzept theoretisch noch nicht differenziert genug konzeptualisiert und empirisch operationalisiert haben. Jüngere Studien, die das schulische Selbstkonzept fachspezifisch differenziert verstehen und entsprechende Skalen für die jeweiligen bereichsspezifischen Fähigkeitsselbstbilder verwendeten, zeigen weit übereinstimmend engere Korrelationen. So berichtet Marsh (1993) in einem Übersichtsbeitrag von moderaten Assoziationen im Hinblick auf das *muttersprachliche* (r = 0,39) und *mathematische Selbstkonzept* (r = 0,33) und den Fachleistungen, wenn sie mit dem SDQ I bei jüngeren Heranwachsenden erhoben wurden. Unter älteren Schülerinnen und Schülern (Klassenstufe 7 bis 10) fanden sich engere Zusammenhänge, die von r = 0,50 (Geschichte und Geografie) über r = 0,58 (Fremdsprache) bzw. r = 0,64 (Muttersprache) und r = 0,66 (Mathematik) zu r = 0,70 (Naturwissenschaft) reichten (Marsh 1992).

4.4 Wie realistisch ist das Selbstkonzept?

▶ **Veridikalität** Unter Veridikalität wird das Ausmaß verstanden, wie realistisch die Selbstwahrnehmungen und -einschätzungen einer Person sind. Voraussetzung ist also, dass neben den Selbsteinschätzungen auch Informationen über die Merkmale vorliegen, die einerseits im Selbstbild adressiert, andererseits aber auch (mehr oder weniger) objektiv erfasst werden (können). Veridikalität bezieht sich daher auf das Ausmaß des Zusammenhangs zwischen subjektiver Selbsteinschätzung und „tatsächlicher" Ausprägung des Merkmals. Da die Messung „wahrer" Werte oder Ausprägungen grundsätzlich nicht möglich ist, kann man auch von Realitätstreue oder Realitätsangemessenheit sprechen.

Allerdings kommt es offenbar wesentlich darauf an, *wie* die vermeintlich „tatsächlichen" schulischen Leistungen *gemessen* werden. Werden die (häufig verwendeten) Schulnoten herangezogen, so fallen die Korrelationen enger aus, als wenn wissenschaftlich geprüfte Leistungstests benutzt wurden. So rangierten die Assoziationsmaße zwischen den *Selbstkonzeptfacetten und den erteilten Noten* von r = 0,60 (muttersprachliches Fähigkeitsselbstkonzept) über r = 0,72 (fremdsprachliches Selbstbild) bis zu r = 0,76 beim mathematischen Fähigkeitsselbstbild, während die Zusammenhänge zu *standardisierten Leistungstests* Werte von r = 0,23 (Muttersprache) und r = 0,33 (Fremdsprache und Mathematik) erreichten (Marsh et al. 2014). Die Metaanalyse von Möller et al. (2009) bestätigte dieses grundsätzliche Muster, kam aber für das mathematische und das verbale Fähigkeitsselbstkonzept zu etwas geringeren Korrelationen zwischen Noten und Selbstbild (Mathematik: r = 0,50; Muttersprache: r = 0,40) sowie etwas engeren Zusammenhängen zwischen standardisierten Tests und Selbstkonzeptfacetten (Mathematik: r = 0,37; Muttersprache: r = 0,34).

Die Differenzen der Zusammenhänge im Hinblick auf Zensuren und „objektive" Leistungstests sind deshalb plausibel, weil Schülerinnen und Schüler ihre Selbsteinschätzungen ja lediglich aus unterrichtlichen Rückmeldungen, wie z. B. Noten in Klassenarbeiten oder auf Zeugnissen, gewinnen können und nicht aus wissenschaftlichen Tests. Ob nun standardisierte Tests bessere Indikatoren für die tatsächlichen Schulleistungen darstellen oder Schulnoten, sei dahingestellt. *Standardisierte Tests* haben vor allem den Vorteil, subjektive Verzerrungen durch Lehrkräfte auszuschließen, sind also „objektiver" – *Schulnoten* besitzen dagegen den Vorzug, die unterrichtlichen Leistungen nicht nur einmalig wie bei Tests, sondern zu *mehreren Zeitpunkten* und wohl auch im Hinblick auf *mehrere Anforderungsbereiche* des Fachs (z. B. im Hinblick auf literarische und nicht fiktionale Texte im Deutschunterricht oder mündliche und schriftliche Leistungen) zu erfassen. Insgesamt zeigen die gut dokumentierten empirischen Befunde, dass die bereichsspezifischen schulischen Selbstkonzepte spätestens im Jugendalter relativ gut – aber eben nicht vollständig – mit den tatsächlichen Leistungen übereinstimmen (Byrne 1996; Hagemann et al. 2023).

Weniger eindeutig ist die Frage der Veridikalität im Hinblick auf *soziale Selbstkonzeptfacetten* zu beantworten. Einerseits geht es ja gerade um die *subjektiv wahrgenommenen* sozialen Beziehungen und ihre Qualität, und andererseits bieten sich „objektive" Außenkriterien in erheblich geringerem Maße an als im Zusammenhang mit jenen Selbstkonzeptfacetten, die eigene Fähigkeiten adressieren. So ist es nicht ergiebig, die Einschätzungen der Beziehungen zwischen Kindern und Eltern aus der Sicht von Mutter oder Vater im Sinne einer „objektiven" Beurteilung zu verstehen und dem spezifischen Selbstkonzept des Kindes hinsichtlich seiner Realitätstreue gegenüberzustellen. Vielmehr handelt es sich schlichtweg um *verschiedene Perspektiven* auf den gleichen Gegenstand, deren Unterschiede keine Hinweise darauf geben, welche Sichtweise nun realistischer sein mag.

Dieses grundsätzliche Problem gilt auch für die Selbstkonzeptfacette der *sozialen Beziehungen zu Gleichaltrigen*. Allerdings steht mit soziometrischen Verfahren eine Methode zur Verfügung, die sozialen Beziehungen zwischen Mitgliedern einer Personengruppe in ihrer Gesamtheit zu erfassen. Die Soziometrie oder soziale Netzwerkanalyse liefert dabei u. a. Informationen, wie beliebt oder akzeptiert ein Gruppenmitglied in einer Gesamtgruppe wahrgenommen wird. Damit steht zwar kein „objektives" Außenkriterium zur Verfügung, aber doch ein Maß für intersubjektiv, von mehreren Personen geteilte Einschätzungen.

Exkurs: Soziometrie
Soziometrische Verfahren, die mittlerweile unter dem Begriff der *sozialen Netzwerkanalyse* firmieren, dienen der Erfassung der Beziehungen zwischen den Mitgliedern einer Gruppe (etwa einer Schulklasse). Hierzu werden z. B. alle Schüler und Schülerinnen einer Schulklasse gebeten anzugeben, welche Mitschüler sie im Hinblick auf ein bestimmtes Kriterium (bevorzugt) auswählen (z. B. Wahl von Sitznachbarn, Partnern in einer Gruppenarbeit, Mitgliedern einer Mannschaft im Sportunterricht, Mitschülern für Pausen- oder Freizeitaktivitäten). Zuweilen werden die Gruppenmitglieder auch gebeten, jene Mitschüler anzugeben, die aus ihrer Sicht nicht für eine Wahl infrage kommen. Auf der Basis derart erhobener Daten können dann sowohl Gruppenstrukturen (etwa zum Gruppenzusammenhalt, zum Grad der Cliquenbildung) als auch die Position einzelner in der Gruppe (z. B. zentral versus peripher) oder das Ausmaß der Akzeptanz bzw. Ablehnung identi-

fiziert werden. Die soziale Akzeptanz, Beliebtheit oder Einbindung in einer Schulklasse kann dann etwa durch die Indegree-Zentralität, also die Häufigkeit der Wahl durch Mitschüler, ermittelt werden. Eine kompakte Einführung in die soziale Netzwerkanalyse bietet Fuhse (2018), über ihre Verwendung im Hinblick auf Peerbeziehungen in Schulklassen informieren in einem Übersichtsbeitrag Zander et al. (2017) und über soziale Netzwerke im Sportunterricht Heim et al. (2023).

Da die meisten Fragebogeninstrumente der Selbstkonzeptforschung die sozialen Beziehungen zu Peers vornehmlich im Sinne der sozialen Akzeptanz oder sozialen Wertschätzung verstehen, können die Zusammenhänge mit soziometrischen Ergebnissen verknüpft werden. In ihrem Übersichtsbeitrag berichten Berndt und Burgy (1996) von eher mäßigen Korrelationen zwischen *soziometrischen Nominierungen* in Schulklassen und *dem sozialen Selbstkonzept*: Die Enge der Zusammenhänge lag demnach zwischen r = 0,27 und r = 0,38 in der 2., 3. sowie 4. Klasse und erreichte auch unter etwas älteren Schulkindern keine wesentlich größeren Werte.

Obwohl leider offenbar keine neueren Studien zum Realitätsgehalt des sozialen Selbstkonzepts gegenüber Peers vorliegen, kann man sich dem Urteil von Hagemann et al. (2023) anschließen, dass sich wohl tendenziell Übereinstimmungen zeigen, „aber die selbst eingeschätzte soziale Akzeptanz insgesamt als wenig akkurat angesehen werden muss" (S. 502). Dies mag einerseits daran liegen, dass Peerbeziehungen von Heranwachsenden ja nicht auf die Schulklasse beschränkt sind, sondern auch darüber hinaus reichen (z. B. die Parallel- oder weitere Klassen) und sich auch auf andere soziale Kontexte wie die Nachbarschaft, Verwandtschaft, den Sportverein oder auch die Kirchengemeinde usw. erstrecken können. Sofern dann die sozialen Beziehungen jenseits der eigenen Schulklasse anders eingeschätzt werden als innerhalb dieser, resultieren daraus vergleichsweise niedrige Assoziationen zwischen sozialem Selbstbild und der Zentralität im sozialen Netzwerk der Schulklasse.

Andererseits weisen Befunde einer Untersuchung von Patterson et al. (1990) auf eine weitere plausible Erklärung hin: Nachdem die befragten Schülerinnen und Schüler der 3. und 4. Schulklasse auf Grundlage ihrer soziometrischen Nominierungen in fünf Gruppen eingeteilt worden waren (beliebt, durchschnittlich, umstritten, unbeachtet, abgelehnt), zeigte sich, dass die „unbeachteten" Kinder ihre subjektive Beliebtheit in der Klasse bemerkenswert *über*schätzten, „beliebte" und „durchschnittliche" dagegen signifikant *unter*schätzten. Auf dieser

Grundlage lässt sich daher annehmen, dass die Einschätzungen der eigenen sozialen Akzeptanz oder Beliebtheit *systematisch* verzerrt sein mögen – in Abhängigkeit von der „tatsächlichen" Beliebtheit in unterschiedliche Richtung (Berndt und Burgy 1996; Hagemann et al. 2023, S. 502 ff.). Diese Tendenzen zur Verzerrung lassen sich möglicherweise zum einen mit der Neigung erklären, das Bild von der eigenen Person durch ein unrealistisch positives soziales Selbstkonzept zu schützen. Zum anderen mag ein Hang zur Bescheidenheit dafür verantwortlich sein, dass beliebte Kinder ihre soziale Akzeptanz unrealistisch ungünstig beurteilen.

Im Hinblick auf das *körperliche Selbstkonzept* ist das Selbstkonzept der körperlich-sportlichen Fähigkeit von Interesse, während, wie zuvor skizziert, für das Selbstbild des Aussehens kein theoretisch belastbares Außenkriterium zur Verfügung steht. Ähnlich wie im Rahmen der schulischen Selbstkonzeptfacetten können Zusammenhänge zwischen körperlich-sportlichem Fähigkeitsselbstbild und „tatsächlichen" Kompetenzen empirisch einerseits auf der Grundlage von unterrichtlichen *Rückmeldungen von Lehrkräften*, also Einschätzungen oder Noten, andererseits mithilfe von standardisierten *motorischen Tests* untersucht werden.

Allerdings zeigte sich nach Befunden von Marsh et al. (2007) an Grundschülern, dass Testergebnisse (in der 3. Grundschulklasse) etwas enger mit dem subjektiven Fähigkeitsselbstbild zusammenhängen ($r = 0{,}52$) als Lehrkraft-Ratings ($r = 0{,}42$). Die Korrelationen zwischen schulischen Sportnoten und dem Selbstkonzept lagen in den Klassen 4 und 6 bei $r = 0{,}60$. Ebenfalls in der 3. Grundschulklasse zeigten sich in einer Studie von Arens und Preckel (2018) Assoziationen zwischen subjektiv wahrgenommenen sportlichen Fähigkeiten und der Sportzensur in Höhe von $r = 0{,}45$.

Bemerkenswert geringere Korrelationen vor dem Hintergrund von *motorischen Testleitungen* fand Seyda (2011, S. 280): In der 1. Grundschulklasse wurde ein Wert von $r = 0{,}23$ erreicht, in der 3. Klasse von $r = 0{,}19$, und am Ende der Grundschulzeit betrug der Zusammenhang $r = 0{,}28$. Über die vier Grundschuljahre verringerte sich dabei der Anteil der Kinder, die sich stark *überschätzten* oder die sich – bei niedrigen Leistungen – realistisch bewerteten, während demgegenüber die Zahl der sich *unterschätzenden Kinder* ebenso zunahm wie die Gruppe der Schülerinnen und Schüler, die ihre (guten) sportlichen Fähigkeiten eher realistisch beurteilten (Seyda 2011, S. 282 f.).

Tendenziell fanden sich mehr *Jungen* unter den *Überschätzern*, *Mädchen* neigten dazu, sich eher zu *unterschätzen*. Diese geschlechtstypischen Muster konnte auch eine querschnittliche Studie an italienischen *Grundschülerinnen und -schülern* beobachten (Pesce et al. 2018). In einer weiteren deutschen Längsschnitt-

4.4 Wie realistisch ist das Selbstkonzept?

studie (Ahnert 2005) unter den Jungen zeigten sich ebenfalls engere Zusammenhänge zwischen dem athletischen Selbstkonzept und dem Körperkoordinationstest (KTK) von r = 0,35 im Alter von acht Jahren, die bis zu r = 0,49 unter 12-Jährigen zunahmen (S. 222). Allerdings fielen die Assoziationen unter den Mädchen zunächst bemerkenswert niedriger aus (r = 0,2) und erreichten erst im Alter von 12 Jahren mit r = 0,56 ähnliche Größenordnungen wie bei den Jungen (Ahnert 2005, S. 223).

Die auf der identischen Datengrundlage, aber modifizierter Stichprobenzusammensetzung basierende Untersuchung von Asendorpf und Teubel (2009) erbrachte im Alter von acht bis zehn Jahren eine Korrelation von r = 0,41 (Jungen) bzw. r = 0,14 zwischen Testleistung und subjektiven Selbsteinschätzungen, unter 12-Jährigen betrugen die Zusammenhänge r = 0,45 für die Jungen und r = 0,48 für die Mädchen. Eine moderate Assoziation zwischen Testleistungen und Selbsteinschätzungen von r = 0,45 beobachteten Marsh und Peart (1988) in einer australischen Untersuchung zu Beginn der Sekundarstufe I, während Gerlach (2008) in der 3. Klasse der deutschen Grundschule einen Zusammenhang von r = 0,36 fand.

Ebenfalls im Grundschulalter zeigte sich ein engerer Zusammenhang zwischen subjektivem Selbstbild der allgemeinen Sportlichkeit und der *Sportnote* in Höhe von r = 0,51 (Lohbeck et al. 2014). Mit *spezifischeren Fähigkeitseinschätzungen* korrelierte die Sportzensur in geringerem Maße (Kraft: r = 0,23; Ausdauer: r = 0,39; Beweglichkeit: r = 0,27; Schnelligkeit: r = 0,41; Koordination: r = 0,33). Ähnliche Größenordnungen zwischen motorischen Testleistungen und subjektiven Fähigkeitsbildern von Kindern im Alter zwischen 10 und 13 Jahren zeigten sich unter Verwendung eines modifizierten Physical Self-Perception Profile von Fox und Corbin (1989; Whitehead 1995). Gemessene und wahrgenommene Kraftfähigkeiten korrelierten moderat (Jungen: r = 0,34 bis 0,38; Mädchen: r = 0,51 bis 0,56) ebenso wie Ausdauer und perzipierte Kondition (Jungen: r = 0,32 bis 0,53; Mädchen: r = 0,29 bis 0,39; Raudsepp und Liblik 2002). In einer Metaanalyse über die Altersspanne von 12 bis 68 Jahren berichten Germain und Hausenblas (2006) ferner von einem mittleren Zusammenhang von r = 0,43 zwischen motorischen Testleistungen und korrespondierenden subjektiven Fähigkeitsfacetten, sofern standardisierte motorische Tests verwendet wurden.

Insgesamt weisen diese Korrelationsmuster eine große Ähnlichkeit zu denen auf, die hinsichtlich der *schulfachspezifischen Fähigkeitsfacetten* ermittelt wurden. Auch wenn die Befundlage im Bereich der körperlich-sportlichen Fähigkeitskonzepte deutlich spärlicher ist, kann davon ausgegangen werden, dass *körperliche Fähigkeitsselbstbilder* spätestens *zu Beginn der Adoleszenz* recht gut – aber eben nicht vollständig – mit den tatsächlich beobachteten sportlichen Leistungen übereinstimmen.

Fragen und Denkanstöße
1. Kann man von einem Selbst ausgehen, bevor Kinder sich sprachlich äußern können?
2. Welche markanten Veränderungen des Selbstkonzepts finden im Verlauf der Kindheit statt?
3. Welche der Quellen des Selbstkonzepts (Filip 1979) korrespondieren mit sozialen Vergleichsprozessen?
4. Warum geht man davon aus, dass soziale Vergleichsprozesse im Kontext von Sport besonders bedeutsam sind?
5. Welche Personengruppen werden häufig für soziale Vergleichsprozesse herangezogen?
6. Welche Motivationen sind typischerweise mit Vergleichsprozessen verknüpft?
7. Wie wirken sich Kontrast- bzw. Assimilationseffekte auf das Selbstkonzept aus?
8. Inwiefern unterscheiden sich temporale Vergleiche im Jugend- und hohen Erwachsenenalter"?
9. Warum ist es nur begrenzt sinnvoll, Unterschiede im körperlich-sportlichen Fähigkeitsselbstbild mit dimensionalen Vergleichen zu erklären?
10. Warum zeigt das körperlich-sportliche Fähigkeitsselbstkonzept – im Gegensatz zu schulischen Selbstkonzepten – eine geringere Realitätstreue, wenn die Leistungen mithilfe von Sportnoten erfasst werden? ◄

Literatur

Ahnert, J. (2005). *Motorische Entwicklung vom Vorschul- bis ins frühe Erwachsenenalter – Einflussfaktoren und Prognostizierbarkeit*. Würzburg: Universität Würzburg.
Albert, S. (1977). Temporal comparison theory. *Psychological Review, 84*(6), 485–503.
Arens, A.K. & Preckel, F. (2018). Testing the internal/external frame of reference model with elementary school children: Extension to physical ability and intrinsic value. *Contemporary Educational Psychology, 54*, 199–211.
Asendorpf, J. & Teubel, T. (2009). Motorische Entwicklung vom frühen Kindes- bis zum frühen Erwachsenenalter im Kontext der Persönlichkeitsentwicklung. *Zeitschrift für Sportpsychologie, 16*(1), 2–16.
Berndt, T.J. & Burgy, L. (1996). Social self-concept. In B.A. Bracken (Ed.), *Handbook of self-concept* (S. 171–209). New York, NY: Wiley.
Byrne, B.M. (1996). Academic self-concept: Its structure, measurement, and relation to academic achievement. In B.A. Bracken (Ed.), *Handbook of self-concept* (S. 287–316). New York, NY: Wiley.

Chanal, J.P., Sarrazin, P.G., Guay, F. & Boiché, J. (2009). Verbal, mathematics, and physical education self-concepts and achievements: An extension and test of the internal/external frame of reference model. *Psychology of Sport and Exercise, 10*(1), 61–66.
Dickhäuser, O. & Galfe, E. (2004). Besser als ..., schlechter als ... *Zeitschrift für Entwicklungspsychologie und Pädagogische Psychologie, 36*(1), 1–9.
Dijkstra, P., Kuyper, H., van der Werf, G., Buunk, A.P. & van der Zee, Y.G. (2008). Social comparison in the classroom: A review. *Review of Educational Research, 78*(4), 828–879.
Eccles, J., Midgley, C., Wigfield, A. & Buchanan, C. (1993). Development during adolescence: The impact of stage-environment fit on young adolescents' experiences in schools and in families. *American Psychologist, 48*(2), 90–101.
Festinger, L. (1954). A theory of social comparison processes. *Human Relations, 7*(2), 117–140.
Filipp, S.-H. (1979). Entwurf eines heuristischen Bezugsrahmens für die Selbstkonzept-Forschung. In S.-H. Filipp (Hrsg.), *Selbstkonzept-Forschung* (S. 129–152). Stuttgart: Klett.
Fox, K.R. & Corbin, C.B (1989). The Physical Self-Perception Profile: Development and preliminary validation. *Journal of Sport and Exercise Psychology, 11*(4), 408–430.
Fuhse, J. (2018). *Soziale Netzwerke*. Konstanz, München: UVK.
Gerlach, E. (2008). *Sportengagement und Persönlichkeitsentwicklung: eine längsschnittliche Analyse der Bedeutung sozialer Faktoren für das Selbstkonzept von Heranwachsenden*. Aachen: Meyer & Meyer.
Gerlach, E., Kussin, U., Brandl-Bredenbeck, H.P. & Brettschneider, W.D. (2006). Der Sportunterricht aus Schülerperspektive. In Deutscher Sportbund (Hrsg.), *DSB-SPRINT-Studie. Eine Untersuchung zur Situation des Schulsports in Deutschland* (S. 115–152). Aachen: Meyer & Meyer.
Germain, J. & Hausenblas, H. (2006). The relationship between perceived and actual physical fitness: A meta-analysis. *Journal of Applied Sport Psychology, 18*(4), 283–296.
Hagemann, D., Spinath, F.M. & Mueller, E.M. (2023). *Differentielle Psychologie und Persönlichkeitsforschung* (9. Aufl.). Stuttgart: Kohlhammer.
Hannover, B. & Greve, W. (2018). Selbst und Persönlichkeit. In W. Schneider & U. Lindenberger (Hrsg.), *Entwicklungspsychologie* (S. 559–577). Weinheim, Basel: Beltz.
Harter, S. (1985/2012). *Self-perception profile for children*. Denver, CO: University of Denver.
Harter, S. (2012). *The construction of the self: Developmental and sociocultural foundations* (2nd Ed.). New York, NY: Guilford Press.
Harter, S. & Monsour, A. (1992). Development analysis of conflict caused by opposing attributes in the adolescent self-portrait. *Developmental Psychology, 28*(2), 251–260.
Harter, S. & Pike, R. (1984). The pictorial scale of perceived competence and social acceptance for young children. *Child Development, 55*(6), 1969–1982.
Hartshorne, J.K. & Germine, L.T. (2015). When does cognitive functioning peak? The asynchronous rise and fall of different cognitive abilities across the life span. *Psychological Science, 26*(4), 433–443.
Heim, R., Schüßler, A. & Holler, C. (2023). Peerbeziehungen in der Sporthalle – Soziale Netzwerke im Sportunterricht. *Zeitschrift für sportpädagogische Forschung, 11*(1), 5–30.

Helm, F., Abele, A.E., Müller-Kalthoff, H. & Möller, J. (2017). Applying dimensional comparison theory to the fundamental dimensions of social judgment – Agency and communion. *Learning and Individual Differences, 54*, 116–125.

Köller, O. & Baumert, J. (2008). Entwicklung schulischer Leistungen. In R. Oerter & L. Montada (Hrsg.), *Entwicklungspsychologie* (6. Aufl., S. 735–768). Weinheim [u. a.]: Beltz.

Kuhn, H.P. & Fischer, N. (2011). Entwicklung der Schulnoten in der Ganztagsschule. Einflüsse der Ganztagsteilnahme und der Angebotsqualität. In N. Fischer, H.G. Holtappels, E. Klieme, T. Rauschenbach, L. Stecher & I. Züchner (Hrsg.), *Ganztagsschule: Entwicklung, Qualität, Wirkungen. Längsschnittliche Befunde der Studie zur Entwicklung von Ganztagsschulen (StEG)*. (S. 207–226). Weinheim u. a.: Beltz Juventa.

Lohaus, A. & Vierhaus, M. (2019). *Entwicklungspsychologie des Kindes- und Jugendalters für Bachelor.* Berlin, Heidelberg: Springer.

Lohbeck, A., Tietjens, M. & Bund, A. (2014). Das physische Selbstkonzept, die individuell präferierte Bezugsnormorientierung und die Zielorientierung bei Grundschulkindern der zweiten und vierten Jahrgangsstufe. *Zeitschrift für Sportpsychologie, 21*(1), 1–12.

Marsh, H.W. (1992). Content specificity of relations between academic achievement and academic self-concept. *Journal of Educational Psychology, 84*(1), 35–42.

Marsh, H.W. (1993). Academic self-concept: Theory, measurement, and research. In J.M. Suls (Ed.), *The self in social perspective* (S. 59–98). Hillsdale, NJ: Erlbaum.

Marsh, H.W. & Peart, N.D. (1988). Competitive and cooperative physical fitness training programs for girls: Effects on physical fitness and multidimensional self-concepts. *Journal of Sport and Exercise Psychology, 10*(4), 390–407.

Marsh, H.W. & Redmayne, R.S. (1994). A multidimensional physical self-concept and its relations to multiple components of physical fitness. *Journal of Sport and Exercise Psychology, 16*(1), 43–55.

Marsh, H.W., Relich, J.D. & Smith, I.D. (1983). Self-concept: The construct validity of interpretations based upon the SDQ. *Journal of Personality and Social Psychology, 45*(1), 173–187.

Marsh, H.W., Craven, R.G. & Debus, R. (1991). Self-concepts of young children 5 to 8 years of age: Measurement and multidimensional structure. *Journal of Educational Psychology, 83*(3), 377–392.

Marsh, H.W., Gerlach, E., Trautwein, U., Lüdtke, O. & Brettschneider, W.-D. (2007). Longitudinal study of preadolescent sport self-concept and performance. Reciprocal effects and causal ordering. *Child development, 78*(6), 1640–1656.

Marsh, H.W., Kuyper, H., Seaton, M., Parker, P.D., Morin, A.J.S., Möller, J., et al. (2014). Dimensional comparison theory: an extension of the internal/external frame of reference effect on academic self-concept formation. *Contemporary Educational Psychology, 39*(4), 326–341.

Möller, J. & Husemann, N. (2006). Internal comparisons in everyday life. *Journal of Educational Psychology, 98*(2), 342–353.

Möller, J. & Köller, O. (1998). Dimensionale und soziale Vergleiche nach schulischen Leistungen. *Zeitschrift für Entwicklungspsychologie und Pädagogische Psychologie, 30*(3), 118–127.

Möller, J. & Marsh, H.W. (2013). Dimensional comparison theory. *Psychological Review, 120*(3), 544–560.

Möller, J. & Trautwein, U. (2020). Selbstkonzept. In E. Wild & J. Möller (Hrsg.), *Pädagogische Psychologie* (3. Aufl., S. 187–209). Berlin, Heidelberg: Springer.

Möller, J. & Weber, F. (2001). Dimensionale, soziale und temporale Vergleiche von alten Menschen: Selbstbewertungen, Virulenz und Präferenz. *Zeitschrift für Entwicklungspsychologie und Pädagogische Psychologie, 33*(3), 178–186.

Möller, J., Pohlmann, B., Köller, O. & Marsh, H.W. (2009). A meta-analytic path analysis of the internal/external frame of reference model of academic achievement and academic self-concept. *Review of Educational Research, 79*(3), 1129–1167.

Mummendey, H.D. (1981). Methoden und Probleme der Kontrolle sozialer Erwünschtheit. *Zeitschrift für Differentielle und Diagnostische Psychologie, 2*(3), 199–218.

Patterson, C.J., Kupersmidt, J.B. & Griesler, P.C. (1990). Children's perceptions of self and of relationships with others as a function of sociometric status. *Child Development, 61*(5), 1335–1349.

Pesce, C., Masci, I., Marchetti, R., Vannozzi, G. & Schmid, M. (2018). When children's perceived and actual motor competence mismatch: Sport participation and gender differences. *Journal of Motor Learning and Development, 6*(s2), 440–460.

Raudsepp, L. & Liblik, R. (2002). Relationship of perceived and actual motor competence in children. *Perceptual and Motor Skills, 94*(3. suppl), 1059–1070.

Schierz, M. & Serwe-Pandrick, E. (2018). Schulische Teilnahme am Unterricht oder entschulte Teilhabe am Sport. Ein Forschungsbeitrag zur Konstitution und Nichtkonstitution von „Unterricht" im sozialen Geschehen von Sportstunden. *Zeitschrift für sportpädagogische Forschung, 6*(2), 53–71.

Seyda, M. (2011). *Persönlichkeitsentwicklung durch Bewegung, Spiel und Sport: die Bedeutung des Schulsports für die Selbstkonzeptentwicklung im Grundschulalter*. Aachen: Meyer & Meyer.

Siegler, R., Eisenberg, N., DeLoache, J. & Saffran, J. (2005). *Entwicklungspsychologie im Kindes- und Jugendalter* (4. Aufl.). Berlin, Heidelberg: Springer.

Tietjens, M. & Niewerth, J. (2005). Effekte sozialer und dimensionaler Vergleichsinformationen im Sport. *Zeitschrift für Sportpsychologie, 12*(1), 2–10.

Tietjens, M., Möller, J. & Pohlmann, B. (2005). Zum Zusammenhang von Leistungen und Selbstkonzepten in verschiedenen Sportarten. *Zeitschrift für Sportpsychologie, 12*(4), 135–143.

Whitehead, J.R. (1995). A study of children's physical self-perceptions using an adapted physical self-perception profile questionnaire. *Pediatric Exercise Science, 7*(2), 132–151.

Willimczik, K., Voelcker-Rehage, C. & Wiertz, O. (2006). Sportmotorische Entwicklung über die Lebensspanne. *Zeitschrift für Sportpsychologie, 13*(1), 10–22.

Wolff, F., Helm, F., Junge, F. & Möller, J. (2020). Are dimensional comparisons performed unconsciously? An investigation of the internal/external frame of reference model using implicit self-concepts. *Journal of Educational Psychology, 112*(2), 397–415.

Zander, L., Kreutzmann, M. & Hannover, B. (2017). Peerbeziehungen im Klassenzimmer. *Zeitschrift für Erziehungswissenschaft, 20*(3), 353–386.

SPRINGER NATURE

GPSR Compliance

The European Union's (EU) General Product Safety Regulation (GPSR) is a set of rules that requires consumer products to be safe and our obligations to ensure this.

If you have any concerns about our products, you can contact us on ProductSafety@springernature.com

In case Publisher is established outside the EU, the EU authorized representative is:

Springer Nature Customer Service Center GmbH
Europaplatz 3
69115 Heidelberg, Germany

The manufacturer's authorised representative in the EU is Springer Nature Customer Service Centre GmbH, Europaplatz 3, 69115 Heidelberg, Germany. If you have any concerns regarding our products, please contact ProductSafety@springernature.com

Printed and bound by CPI Group (UK) Ltd, Croydon, CR0 4YY

23/03/2026

02076396-0007